DÉMARCHE PROJET

Décider • Agir

ÉTAPES	PRODUCTIONS	
Besoin **Contexte technologique** **Objectifs du projet**		
1 **Appropriation du cahier des charges, du contexte, des objectifs du projet**	• Expression du besoin • Cahier des charges finalisé	**Revue de projet** **pour figer l'expression de la problématique du projet**
2 **Organisation du projet, planification, organisation des équipes**	• Planning, répartition des tâches • Organisation des ressources numériques	**Revue de projet** **pour définir la planification et la répartition des tâches du projet**
3 **Recherche de solutions**	• Schématisations • Diagrammes • Représentations et modélisations de solutions techniques	**Revue de projet** **pour choisir une solution à développer**
4 **Réalisation prototype et tests, Simulations Présentation finale**	• Résultats de simulation, d'expérimentation • Communication des résultats	**Revue de projet** **pour analyser les tests et valider ou non la solution et présenter le projet terminé**

Pour les enseignants

Le Manuel Numérique Enrichi Enseignant OFFERT aux prescripteurs*

> **Enrichi** du **livre du professeur** et de nombreuses **ressources Élève** indiquées au fil des pages du manuel par le symbole lienmini.fr :

- fichiers TICE
- vidéos de présentation des objets techniques étudiés
- fichiers de simulation des systèmes étudiés
- vidéos des résultats de simulation des systèmes étudiés
- vidéos de tutoriel pour la prise en main de logiciels
- QCM interactifs : 1 QCM par chapitre et par niveau

Ainsi que des **ressources Enseignant** disponibles sur le site **www.editions-delagrave.fr** :

- fiches de réponses pour les activités des pages « Observer »
- corrigés des exercices

> **Personnalisable** pour préparer votre cours et animer votre classe.

> **Consultable partout et à tout moment** en ligne ou copié sur une clé USB.

?

Comment obtenir votre Manuel Numérique Enseignant ?
Déclarez votre prescription sur www.editions-delagrave.fr
Fonctionne-t-il sans connexion internet ?
Une fois téléchargé, il peut fonctionner sans connexion internet et peut être copié sur une clé USB.

* Pour une durée illimitée. Voir conditions sur www.editions-delagrave.fr

Pour les élèves

Le Bimanuel, c'est

- le **manuel papier**
- la **licence numérique Élève** incluse et renouvelée à chaque rentrée

> **Enrichi** de nombreuses **ressources Élève** indiquées au fil des pages du manuel par le symbole lienmini.fr :

- fichiers TICE : carte mentale, planning, schémas à compléter
- vidéos de présentation des objets techniques étudiés
- fichiers de simulation des systèmes étudiés
- vidéos des résultats de simulation des systèmes étudiés
- vidéos de tutoriel pour la prise en main de logiciels
- QCM interactifs : 1 QCM par chapitre et par niveau

> **Facile d'accès** grâce à la carte d'activation insérée dans le manuel. À chaque rentrée scolaire, les éditions Delagrave réactivent l'accès pour les nouveaux élèves.

> **Consultable en classe et à la maison** sur ordinateur ou tablette pendant 5 ans.

?

Le manuel numérique Élève fonctionne-t-il sans connexion internet ?
Une fois téléchargé, il fonctionne sans connexion internet.
Que se passe-t-il à la fin de l'année scolaire ?
Les élèves qui ont activé la version numérique durant l'année scolaire peuvent continuer à la consulter, pendant toute leur scolarité au collège.
À chaque rentrée scolaire, les éditions Delagrave réactivent l'accès au manuel numérique pour les nouveaux élèves.

www.bimanuel.fr

Technologie

5e
Cycle 4

Sous la direction
de **Jean-Michel Baron**
et **Jean Cliquet**

Agnès Billot,
professeure de technologie,
collège Françoise Giroud, Vincennes (94)

Nicolas Dromas,
professeur de technologie,
collège Condorcet, Maisons-Alfort (94)

Philippe Drumez,
professeur de technologie,
collège Charles Péguy, Verneuil-l'Étang (77)

Dominique Sauzeau,
Responsable de formation Technologie-Sciences de l'Ingénieur,
ESPE de l'académie de Créteil

Les auteurs et les éditions Delagrave remercient Séverin Druart et Raphaël Moreau,
réalisateurs des tutoriels vidéo disponibles dans l'ouvrage.

Code offre
101323
Valable jusqu'au 31/07/2022

DELAGRAVE

DÉCOUVREZ LES + DE VOTRE MANUEL

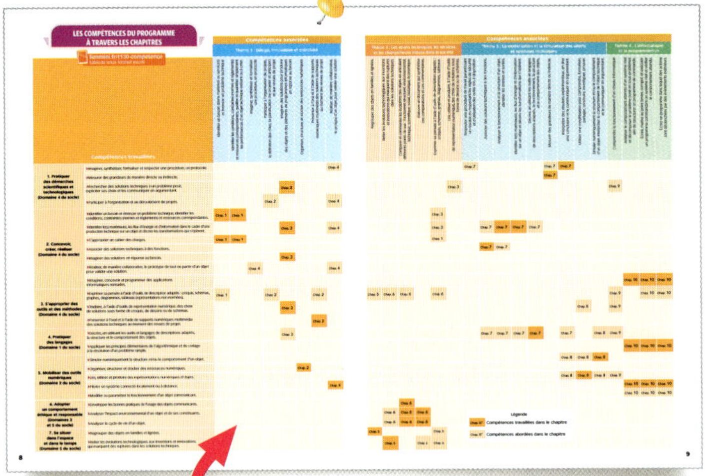

Un tableau des compétences pour suivre votre progression sur l'ensemble du cycle

Une approche spiralaire organisée à partir des 4 thèmes du programme

OBSERVER

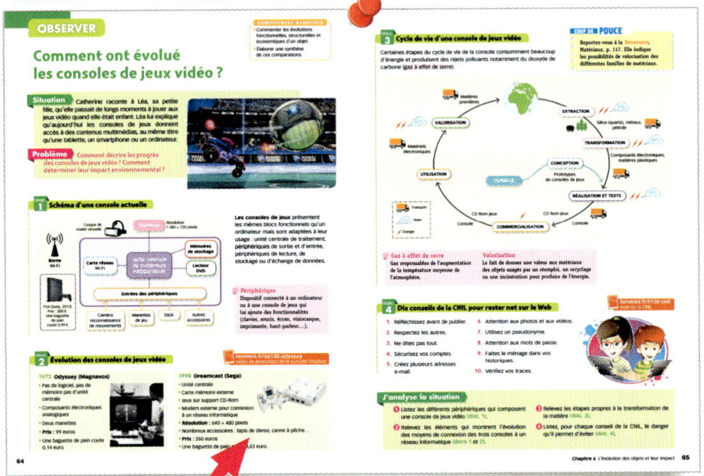

Des situations innovantes et concrètes pour se questionner et interagir

Des méthodes pas-à-pas pour développer des compétences

RÉSOUDRE

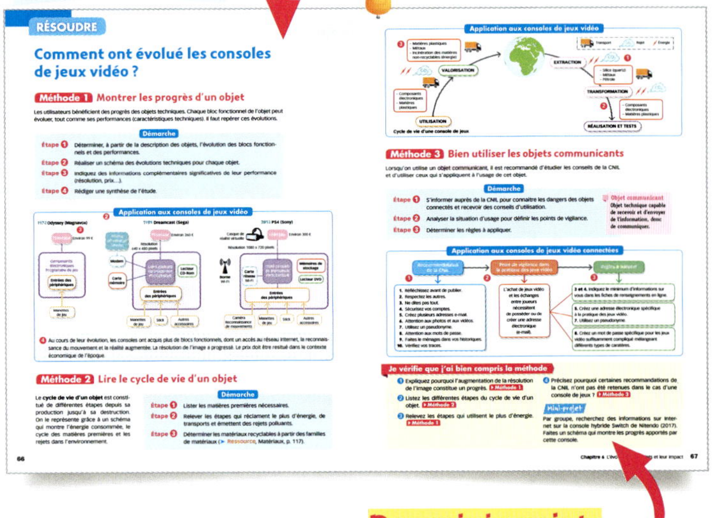

Des mini-projets pour travailler en équipe et favoriser la différenciation

APPRENDRE

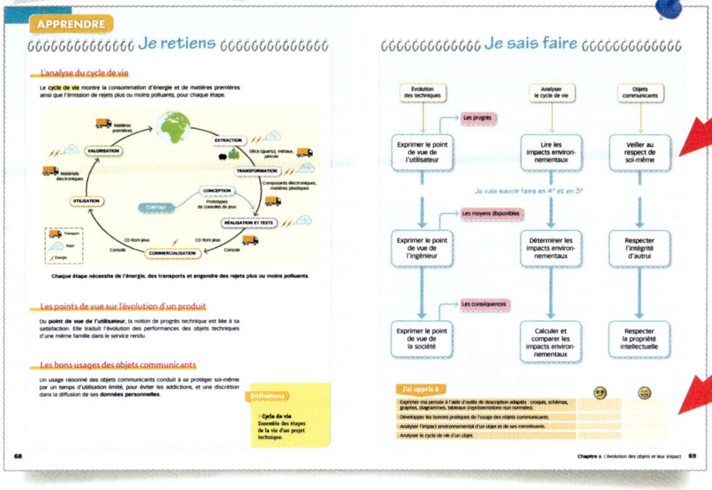

Une synthèse visuelle pour apprendre autrement

Une grille pour évaluer les compétences acquises

Des tâches complexes filées sur chacun des thèmes pour mobiliser ses compétences

S'ENTRAINER

Des exercices organisés par compétences

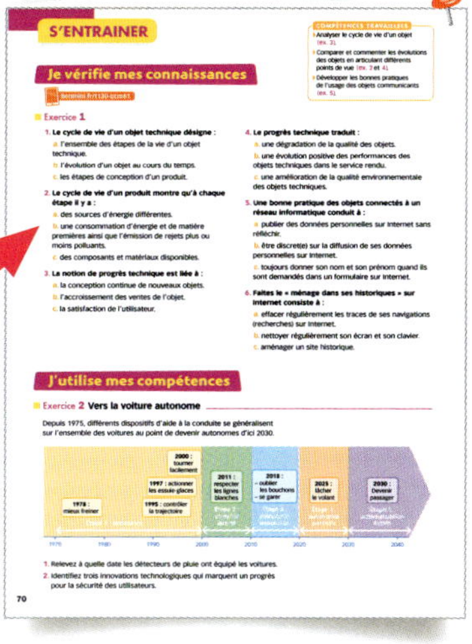

RESSOURCES

Des outils auxquels se référer pour enrichir ses connaissances

SOMMAIRE

THÈME 1
Design, innovation et créativité

Attendus de fin de cycle

Imaginer des solutions en réponse aux besoins, matérialiser des idées en intégrant une dimension design.
Réaliser, de manière collaborative, le prototype d'un objet communicant.

chapitre 1 Exprimer un besoin par un cahier des charges

chapitre 2 Organiser le travail d'un groupe projet

chapitre 3 Imaginer des solutions pour concevoir des objets

chapitre 4 Réaliser le prototype d'un objet

THÈME 2 Les objets techniques, les services et les changements induits dans la société

Attendus de fin de cycle

Comparer et commenter les évolutions des objets et systèmes.
Exprimer sa pensée à l'aide d'outils de description adaptés.
Développer les bonnes pratiques de l'usage des objets communicants.

chapitre 5 Les inventions et les innovations technologiques

chapitre 6 L'évolution des objets et leur impact

THÈME 3
La modélisation et la simulation des objets et systèmes techniques

Attendus de fin de cycle

Analyser le fonctionnement et la structure d'un objet.
Utiliser une modélisation et simuler le comportement d'un objet.

chapitre 7 — Analyser le fonctionnement et la structure d'un objet

chapitre 8 — Simuler une structure et un comportement

THÈME 4
L'informatique et la programmation

Attendus de fin de cycle

Comprendre le fonctionnement d'un réseau informatique.
Écrire, mettre au point et exécuter un programme informatique.

chapitre 9 — Comprendre le fonctionnement d'un réseau informatique

chapitre 10 Algorithmique et programmation

RESSOURCES

RESSOURCES NUMÉRIQUES

Tutoriels/Vidéos

Vidéos

Fichiers TICE

LES COMPÉTENCES DU PROGRAMME À TRAVERS LES CHAPITRES

lienmini.fr/t130-competence
tableau sous format excel

Compétences travaillées		Compétences associées – Thème 1 : Désign, innovation et créativité : Identifier un besoin (biens matériels ou services) et énoncer un problème technique	Identifier les conditions, contraintes (normes et règlements) et ressources correspondantes, qualifier et quantifier simplement les performances d'un objet technique existant ou à créer.	Imaginer, synthétiser et formaliser une procédure, un protocole	Participer à l'organisation de projets, la définition des rôles, la planification (se projeter et anticiper) et aux revues de projet	Imaginer des solutions pour produire des objets et des éléments de programmes informatiques en réponse au besoin	Organiser, structurer et stocker des ressources numériques	Présenter à l'oral et à l'aide de supports numériques multimédia des solutions techniques au moment des revues de projet	Réaliser, de manière collaborative, le protype d'un objet pour valider une solution
1. Pratiquer des démarches scientifiques et technologiques (Domaine 4 du socle)	Imaginer, synthétiser, formaliser et respecter une procédure, un protocole.								Chap. 4
	Mesurer des grandeurs de manière directe ou indirecte.								
	Rechercher des solutions techniques à un problème posé, expliciter ses choix et les communiquer en argumentant.					Chap. 3			
	Participer à l'organisation et au déroulement de projets.				Chap. 2				Chap. 4
2. Concevoir, créer, réaliser (Domaine 4 du socle)	Identifier un besoin et énoncer un problème technique, identifier les conditions, contraintes (normes et règlements) et ressources correspondantes.	Chap. 1	Chap. 1						
	Identifier le(s) matériau(x), les flux d'énergie et d'information dans le cadre d'une production technique sur un objet et décrire les transformations qui s'opèrent.					Chap. 3			Chap. 4
	S'approprier un cahier des charges.	Chap. 1	Chap. 1						
	Associer des solutions techniques à des fonctions.								
	Imaginer des solutions en réponse au besoin.					Chap. 3			
	Réaliser, de manière collaborative, le prototype de tout ou partie d'un objet pour valider une solution.			Chap. 4					Chap. 4
	Imaginer, concevoir et programmer des applications informatiques nomades.								
3. S'approprier des outils et des méthodes (Domaine 4 du socle)	Exprimer sa pensée à l'aide d'outils de description adaptés : croquis, schémas, graphes, diagrammes, tableaux (représentations non normées).	Chap. 1			Chap. 2			Chap. 2	
	Traduire, à l'aide d'outils de représentation numérique, des choix de solutions sous forme de croquis, de dessins ou de schémas.					Chap. 3			
	Présenter à l'oral et à l'aide de supports numériques multimédia des solutions techniques au moment des revues de projet.							Chap. 2	
4. Pratiquer des langages (Domaine 1 du socle)	Décrire, en utilisant les outils et langages de descriptions adaptés, la structure et le comportement des objets.					Chap. 3			
	Appliquer les principes élémentaires de l'algorithmique et du codage à la résolution d'un problème simple.								
5. Mobiliser des outils numériques (Domaine 2 du socle)	Simuler numériquement la structure et/ou le comportement d'un objet.								
	Organiser, structurer et stocker des ressources numériques.						Chap. 2		
	Lire, utiliser et produire des représentations numériques d'objets.								
	Piloter un système connecté localement ou à distance.								Chap. 4
	Modifier ou paramétrer le fonctionnement d'un objet communicant.								
6. Adopter un comportement éthique et responsable (Domaines 3 et 5 du socle)	Développer les bonnes pratiques de l'usage des objets communicants.								
	Analyser l'impact environnemental d'un objet et de ses constituants.								
	Analyser le cycle de vie d'un objet.								
7. Se situer dans l'espace et dans le temps (Domaine 5 du socle)	Regrouper des objets en familles et lignées.								
	Relier les évolutions technologiques aux inventions et innovations qui marquent des ruptures dans les solutions techniques.								

Compétences associées

Thème 2 : Les objets techniques, les services et les changements induits dans la société						Thème 3 : La modélisation et la simulation des objets et systèmes techniques									Thème 4 : L'informatique et la programmation			
Regrouper des objets en familles et lignées.	Relier les évolutions technologiques aux inventions et innovations qui marquent des ruptures dans les solutions techniques.	Comparer et commenter les évolutions des objets en articulant différents points de vue : fonctionnel, structurel, environnemental, technique, scientifique, social, historique, économique.	Élaborer un document qui synthétise ces comparaisons et ces commentaires.	Exprimer sa pensée à l'aide d'outils de description adaptés : croquis, schémas, graphes, diagrammes, tableaux.	Lire, utiliser et produire, à l'aide d'outils de représentation numérique, des choix de solutions sous forme de dessins ou de schémas.	Respecter une procédure de travail garantissant un résultat en respectant les règles de sécurité et d'utilisation des outils mis à disposition.	Associer des solutions techniques à des fonctions.	Analyser le fonctionnement et la structure d'un objet, identifier les entrées et sorties.	Identifier le(s) matériau(x), les flux d'énergie et d'information sur un objet et décrire les transformations qui s'opèrent.	Décrire, en utilisant les outils et langages de descriptions adaptés, le fonctionnement, la structure et le comportement des objets.	Mesurer des grandeurs de manière directe ou indirecte.	Interpréter des résultats expérimentaux, en tirer une conclusion et la communiquer en argumentant.	Utiliser une modélisation pour comprendre, formaliser, partager, construire, investiguer, prouver.	Simuler numériquement la structure et/ou le comportement d'un objet. Interpréter le comportement de l'objet technique et le communiquer en argumentant.	Comprendre le fonctionnement d'un réseau informatique	Analyser le comportement attendu d'un système réel et décomposer le problème posé en sous-problèmes afin de structurer un programme de commande.	Écrire, mettre au point (tester, corriger) et exécuter un programme commandant un système réel et vérifier le comportement attendu.	Écrire un programme dans lequel des actions sont déclenchées par des évènements extérieurs.
						Chap. 7					Chap. 7	**Chap. 7**						
											Chap. 7							
					Chap. 3										Chap. 9			
				Chap. 3														
				Chap. 3			Chap. 7	**Chap. 7**	**Chap. 7**	Chap. 7								
				Chap. 1														
							Chap. 7	Chap. 7										
																Chap. 10	**Chap. 10**	**Chap. 10**
Chap. 5	Chap. 6	Chap. 6		Chap. 6											Chap. 9		Chap. 10	Chap. 10
													Chap. 8		Chap. 9			
							Chap. 7	Chap. 7	Chap. 7	**Chap. 7**		Chap. 7		Chap. 8	Chap. 9			
																Chap. 10	**Chap. 10**	**Chap. 10**
												Chap. 8	Chap. 8	**Chap. 8**				
												Chap. 8	**Chap. 8**	Chap. 8	Chap. 9			
																Chap. 10	**Chap. 10**	**Chap. 10**
																Chap. 10	Chap. 10	Chap. 10
		Chap. 6																
	Chap. 6	**Chap. 6**	**Chap. 6**															
	Chap. 6	**Chap. 6**	**Chap. 6**															
Chap. 5				Chap. 5														
	Chap. 5		Chap. 6	Chap. 6														

Légende

Chap. n° Compétences travaillées dans le chapitre

Chap. n° Compétences abordées dans le chapitre

Compétences travaillées

Pratiquer des démarches scientifiques et technologiques
(Domaine 4 du socle)

- Imaginer, synthétiser, formaliser et respecter une procédure, un protocole.
- Mesurer des grandeurs de manière directe ou indirecte.
- Rechercher des solutions techniques à un problème posé, expliciter ses choix et les communiquer en argumentant.
- Participer à l'organisation et au déroulement de projets.

Concevoir, créer, réaliser
(Domaine 4 du socle)

- Identifier un besoin et énoncer un problème technique, identifier les conditions, contraintes (normes et règlements) et ressources correspondantes.
- Identifier le(s) matériau(x), les flux d'énergie et d'information dans le cadre d'une production technique sur un objet et décrire les transformations qui s'opèrent.
- S'approprier un cahier des charges.
- Associer des solutions techniques à des fonctions.
- Imaginer des solutions en réponse au besoin.
- Réaliser, de manière collaborative, le prototype de tout ou partie d'un objet pour valider une solution.
- Imaginer, concevoir et programmer des applications informatiques pour des appareils nomades.

S'approprier des outils et des méthodes
(Domaine 2 du socle)

- Exprimer sa pensée à l'aide d'outils de description adaptés : croquis, schémas, graphes, diagrammes, tableaux (représentations non normées).
- Traduire, à l'aide d'outils de représentation numérique, des choix de solutions sous forme de croquis, de dessins ou de schémas.
- Présenter à l'oral et à l'aide de supports numériques multimédia des solutions techniques au moment des revues de projet.

Pratiquer des langages
(Domaine 1 du socle)

- Décrire, en utilisant les outils et langages de descriptions adaptés, la structure et le comportement des objets.
- Appliquer les principes élémentaires de l'algorithmique et du codage à la résolution d'un problème simple.

Mobiliser des outils numériques
(Domaine 2 du socle)

- Simuler numériquement la structure et/ou le comportement d'un objet.
- Organiser, structurer et stocker des ressources numériques.
- Lire, utiliser et produire des représentations numériques d'objets.
- Piloter un système connecté localement ou à distance.
- Modifier ou paramétrer le fonctionnement d'un objet communicant.

Adopter un comportement éthique et responsable
(Domaines 3 et 5 du socle)

- Développer les bonnes pratiques de l'usage des objets communicants.
- Analyser l'impact environnemental d'un objet et de ses constituants.
- Analyser le cycle de vie d'un objet.

Se situer dans l'espace et dans le temps
(Domaine 5 du socle)

- Regrouper des objets en familles et lignées.
- Relier les évolutions technologiques aux inventions et innovations qui marquent des ruptures dans les solutions techniques.

Design, innovation et créativité

Attendus de fin de cycle
- Imaginer des solutions en réponse aux besoins, matérialiser des idées en intégrant une dimension design.
- Réaliser, de manière collaborative, le prototype d'un objet communicant.

Compétences et connaissances associées
- Imaginer des solutions en réponse aux besoins, matérialiser des idées en intégrant une dimension design.
  - Identifier un besoin (biens matériels ou services) et énoncer un problème technique.
    - Besoin, contraintes, normalisation.
  - Identifier les conditions, contraintes (normes et règlements) et ressources correspondantes, qualifier et quantifier simplement les performances d'un objet technique existant ou à créer.
    - Principaux éléments d'un cahier des charges.
  - Imaginer, synthétiser et formaliser une procédure, un protocole.
    - Outils numériques de présentation.
    - Charte graphique.
  - Participer à l'organisation de projets, la définition des rôles, la planification (se projeter et anticiper) et aux revues de projet.
    - Organisation d'un groupe de projet, rôle des participants, planning, revue de projets.
  - Imaginer des solutions pour produire des objets et des éléments de programmes informatiques en réponse au besoin.
    - Design.
    - Innovation et créativité.
    - Veille.
    - Représentation de solutions (croquis, schémas, algorithmes).
    - Réalité augmentée.
    - Objets connectés.
  - Organiser, structurer et stocker des ressources numériques.
    - Arborescence.
  - Présenter à l'oral et à l'aide de supports numériques multimédia des solutions techniques au moment des revues de projet.
    - Outils numériques de présentation.
    - Charte graphique.
- Réaliser, de manière collaborative, le prototype d'un objet communicant.
  - Réaliser, de manière collaborative, le prototype d'un objet pour valider une solution
    - Prototypage rapide de structures et de circuits de commande à partir de cartes standard.

Les objets techniques, les services et les changements induits dans la société

Attendus de fin de cycle
- Comparer et commenter les évolutions des objets et systèmes.
- Exprimer sa pensée à l'aide d'outils de description adaptés.
- Développer les bonnes pratiques de l'usage des objets communicants.
- Comparer et commenter les évolutions des objets et systèmes

Compétences et connaissances associées
- Comparer et commenter les évolutions des objets et systèmes.
  - Regrouper des objets en familles et lignées.
    - L'évolution des objets.
    - Impacts sociétaux et environnementaux dus aux objets.
    - Cycle de vie.
    - Les règles d'un usage raisonné des objets communicants respectant la propriété intellectuelle et l'intégrité d'autrui.
  - Relier les évolutions technologiques aux inventions et innovations qui marquent des ruptures dans les solutions techniques.
  - Comparer et commenter les évolutions des objets en articulant différents points de vue : fonctionnel, structurel, environnemental, technique, scientifique, social, historique, économique.
  - Élaborer un document qui synthétise ces comparaisons et ces commentaires.
    - Outils numériques de présentation.
    - Charte graphique.
- Exprimer sa pensée à l'aide d'outils de description adaptés.
  - Exprimer sa pensée à l'aide d'outils de description adaptés : croquis, schémas, graphes, diagrammes, tableaux.
    - Croquis à main levée
    - Différents schémas
    - Carte heuristique
    - Notion d'algorithme
  - Lire, utiliser et produire, à l'aide d'outils de représentation numérique, des choix de solutions sous forme de dessins ou de schémas.
    - Outils numériques de description des objets techniques.

La modélisation et la simulation des objets et systèmes techniques

Attendus de fin de cycle

- Analyser le fonctionnement et la structure d'un objet.
- Utiliser une modélisation et simuler le comportement d'un objet.

Compétences et connaissances associées

- Analyser le fonctionnement et la structure d'un objet.
  - Respecter une procédure de travail garantissant un résultat en respectant les règles de sécurité et d'utilisation des outils mis à disposition.
    - Procédures, protocoles.
    - Ergonomie.
  - Associer des solutions techniques à des fonctions.
    - Analyse fonctionnelle systémique.
  - Analyser le fonctionnement et la structure d'un objet, identifier les entrées et sorties.
    - Représentation fonctionnelle des systèmes.
    - Structure des systèmes.
    - Chaine d'énergie.
    - Chaine d'information.
  - Identifier le(s) matériau(x), les flux d'énergie et d'information sur un objet et décrire les transformations qui s'opèrent.
    - Familles de matériaux avec leurs principales caractéristiques.
    - Sources d'énergies.
    - Chaine d'énergie.
    - Chaine d'information.
  - Décrire, en utilisant les outils et langages de descriptions adaptés, le fonctionnement, la structure et le comportement des objets.
    - Outils de description d'un fonctionnement, d'une structure et d'un comportement.
  - Mesurer des grandeurs de manière directe ou indirecte.
    - Instruments de mesure usuels.
    - Principe de fonctionnement d'un capteur, d'un codeur, d'un détecteur.
    - Nature du signal : analogique ou numérique.
    - Nature d'une information : logique ou analogique.
  - Interpréter des résultats expérimentaux, en tirer une conclusion et la communiquer en argumentant.
    - Notions d'écarts entre les attentes fixées par le cahier des charges et les résultats de l'expérimentation.
- Utiliser une modélisation et simuler le comportement d'un objet.
  - Utiliser une modélisation pour comprendre, formaliser, partager, construire, investiguer, prouver.
    - Outils de description d'un fonctionnement, d'une structure et d'un comportement.
  - Simuler numériquement la structure et/ou le comportement d'un objet. Interpréter le comportement de l'objet technique et le communiquer en argumentant.
    - Notions d'écarts entre les attentes fixées par le cahier des charges et les résultats de la simulation.

L'informatique et la programmation

Attendus de fin de cycle

- Comprendre le fonctionnement d'un réseau informatique.
- Écrire, mettre au point et exécuter un programme.

Compétences et connaissances associées

- Comprendre le fonctionnement d'un réseau informatique
    - Composants d'un réseau, architecture d'un réseau local, moyens de connexion d'un moyen informatique.
    - Notion de protocole, d'organisation de protocoles en couche, d'algorithme de routage.
    - Internet
- Écrire, mettre au point et exécuter un programme
  - Analyser le comportement attendu d'un système réel et décomposer le problème posé en sous-problèmes afin de structurer un programme de commande.
  - Écrire, mettre au point (tester, corriger) et exécuter un programme commandant un système réel et vérifier le comportement attendu.
  - Écrire un programme dans lequel des actions sont déclenchées par des évènements extérieurs.
    - Notions d'algorithme et de programme.
    - Notion de variable informatique.
    - Déclenchement d'une action par un évènement, séquences d'instructions, boucles, instructions conditionnelles.
    - Systèmes embarqués.
    - Forme et transmission du signal.
    - Capteur, actionneur, interface.

THÈME 1
Design, innovation et créativité

chapitre 1

Exprimer un besoin par un cahier des charges

Comment gérer l'autonomie des appareils nomades ?

Dans ce chapitre, vous allez apprendre à :

Concevoir, créer, réaliser (Domaine 4 du socle)

- Identifier un besoin et énoncer un problème technique, identifier les conditions, contraintes (normes et règlements) et ressources correspondantes.
- Vous approprier un cahier des charges.

OBSERVER

COMPÉTENCES ASSOCIÉES
- Identifier un besoin.
- Identifier des conditions d'utilisation et des contraintes.

Comment recharger facilement un téléphone ?

Situation L'entreprise Pluggy est chargée d'équiper des lieux publics (cafés, restaurants, bibliothèques, gares…) d'un support pour recharger facilement tous les modèles de téléphones.

Pour créer ce nouvel objet, l'équipe de l'entreprise veut associer les fonctions d'un support de téléphone relié à une prise et d'un chargeur de batterie par induction.

Problème Comment exprimer le besoin auquel doit répondre ce nouvel objet ? Quelles contraintes doit-il respecter ?

doc. 1 Support de téléphone

lienmini.fr/t130-support
vidéo du support de téléphone

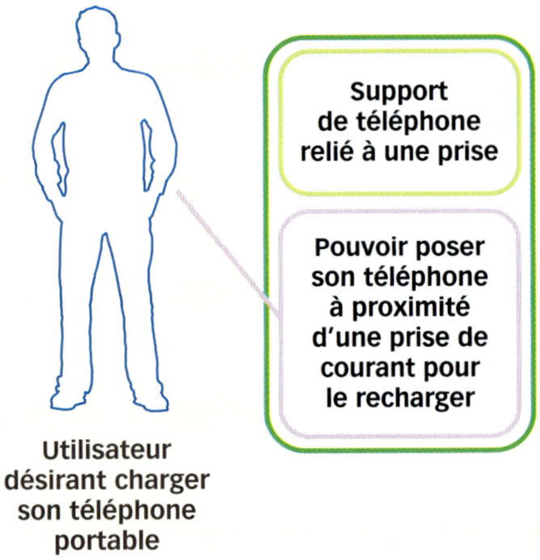

Diagramme des cas d'utilisation

Fonctions (F) et contraintes (C)

F1	Pouvoir poser son téléphone à proximité d'une prise de courant pour le recharger.
C1	Doit pouvoir maintenir tous les modèles de téléphones.
C2	Doit être fixé sur une prise.

Cahier des charges (extrait)

COUP DE POUCE

Le diagramme des cas d'utilisation met en relation un utilisateur et un objet technique. Ainsi, il définit précisément un **besoin**.

doc. 2 Chargeur de batterie par induction

Chargeur par induction
Système permettant de transmettre de l'énergie électrique sans fil, grâce à un champ magnétique.

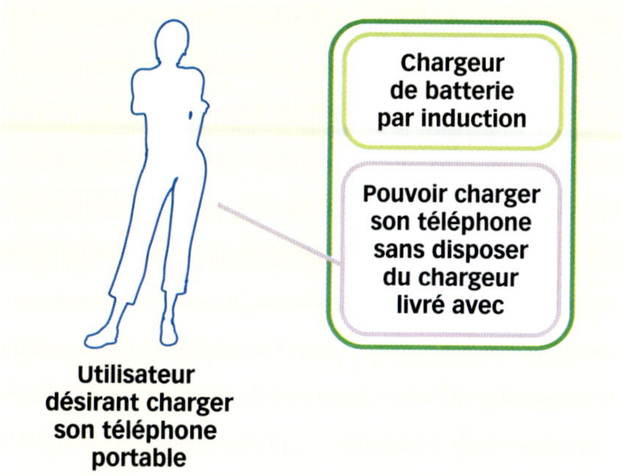

Diagramme des cas d'utilisation

Fonctions (F) et contraintes (C)	
F1	Pouvoir recharger son téléphone sans disposer du chargeur livré avec le téléphone.
C1	Doit charger tous les modèles de téléphones disposant de la fonction « charge par induction ».

Cahier des charges (extrait)

doc. 3 Résultats d'une enquête

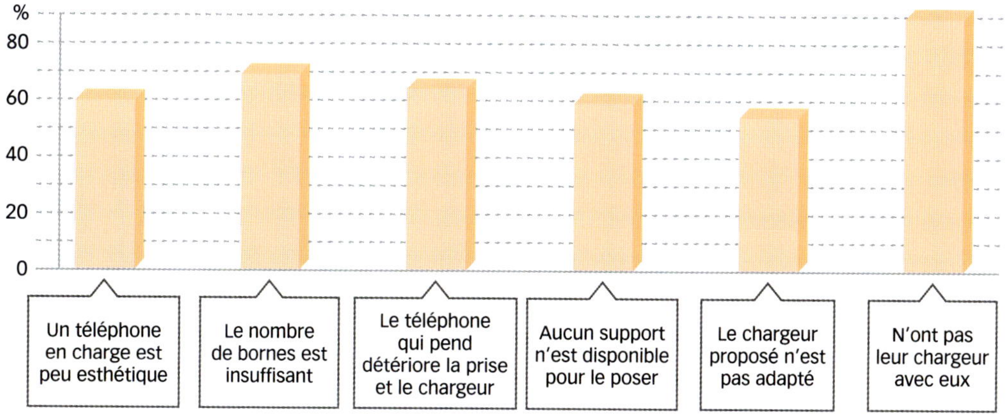

Histogramme représentant les insatisfactions des usagers qui souhaitent recharger leur téléphone dans les lieux publics

COUP DE POUCE
Pour lire cet histogramme, il faut comparer les niveaux d'insatisfaction (en %) pour chaque proposition de l'enquête.

J'analyse la situation

1. Citez les lieux où il est prévu d'installer les nouveaux chargeurs de téléphone (Situation).
2. Indiquez la fonction du support de téléphone et celle du chargeur à induction (docs 1 et 2).
3. Décrivez l'inconvénient de laisser pendre un téléphone au bout d'un chargeur (doc. 3).
4. Déterminez la principale insatisfaction liée à l'utilisation d'un chargeur par induction (doc. 3).

Comment recharger facilement un téléphone ?

Méthode 1 Exprimer le besoin

- Le besoin auquel doit répondre un objet est exprimé à partir des études menées auprès des utilisateurs. Ces études permettent de connaitre leurs insatisfactions et leurs attentes.
- **Exprimer le besoin** consiste alors à décrire la (ou les) **fonction**(s) **principale**(s) de l'objet technique et le (ou les) acteur(s), ici une personne, à qui il rend service. On peut utiliser pour cela un **diagramme des cas d'utilisation**.

Démarche

Étape 1 **Définir le nom de l'objet technique** étudié ou à concevoir.

Étape 2 **Indiquer le nom de l'acteur** qui interagit avec l'objet technique. S'il s'agit d'une personne, il est possible de préciser ses caractéristiques (âge, sexe, emploi, lieu de vie…).

Étape 3 **Décrire les cas d'utilisation**, c'est-à-dire le ou les principaux services que doit rendre l'objet technique. Ces services définissent sa fonction principale.

Conseil
Pour extraire les informations, lisez attentivement la situation et les documents à votre disposition. Complétez ensuite le diagramme des cas d'utilisation.

Application au chargeur de téléphone

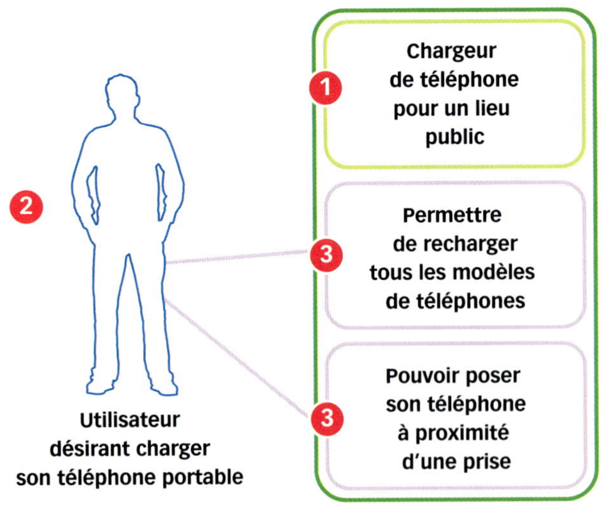

Diagramme des cas d'utilisation

Méthode 2 Lister les contraintes

- Les contraintes précisent les conditions d'utilisation d'un objet technique. On distingue **six familles** de contraintes :
  - **fonctionnelles** : remplir sa fonction principale ;
  - **ergonomiques** : faciliter son utilisation ;
  - **esthétiques** : le rendre attrayant ;
  - **de sécurité** : l'utiliser en toute sureté ;
  - **environnementales** : être conçu et utilisé dans un souci de développement durable ;
  - **économiques** : être d'un cout correspondant au service et à la qualité proposés.
- Une **carte mentale** permet de regrouper les contraintes par famille.

Démarche

Étape 1 Inscrire le nom de l'objet et sa fonction principale au centre de la carte.

Étape 2 Indiquer les familles de contraintes autour de l'objet.

Étape 3 Lister toutes les contraintes possibles et les associer à chaque famille.

Conseil
Faites une recherche collective pour identifier un maximum de contraintes.

Application au chargeur de téléphone

lienmini.fr/t130-tutoxmind
tutoriel XMind

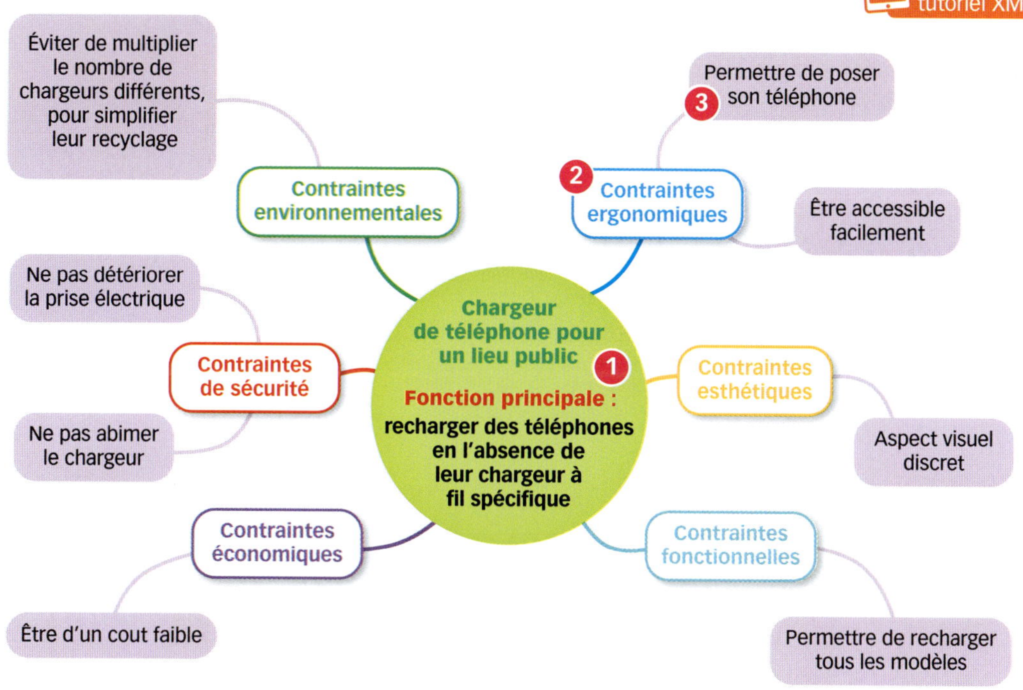

Carte mentale des contraintes

Je vérifie que j'ai bien compris la méthode

1. Indiquez le nom de l'objet technique à concevoir. **Méthode 1**
2. Indiquez la différence entre le nouveau diagramme des cas d'utilisation **Méthode 1** et les deux diagrammes p. 14 (doc. 1) et p. 15 (doc. 2).
3. Listez les six familles de contraintes représentées dans la carte mentale. **Méthode 2**
4. Repérez la famille de contraintes associée pour chaque insatisfaction. **Méthode 2**

Mini-projet

Réalisez une enquête auprès d'un groupe d'élèves pour déterminer d'autres contraintes que vous indiquerez dans la carte mentale.

Je retiens

Besoins et fonctions

Les études menées auprès des utilisateurs d'un objet technique permettent de connaitre leurs **insatisfactions** et de déterminer leurs **besoins**. À partir de ces besoins, on formule la (ou les) **fonction(s) principale(s)** du nouvel objet à concevoir.

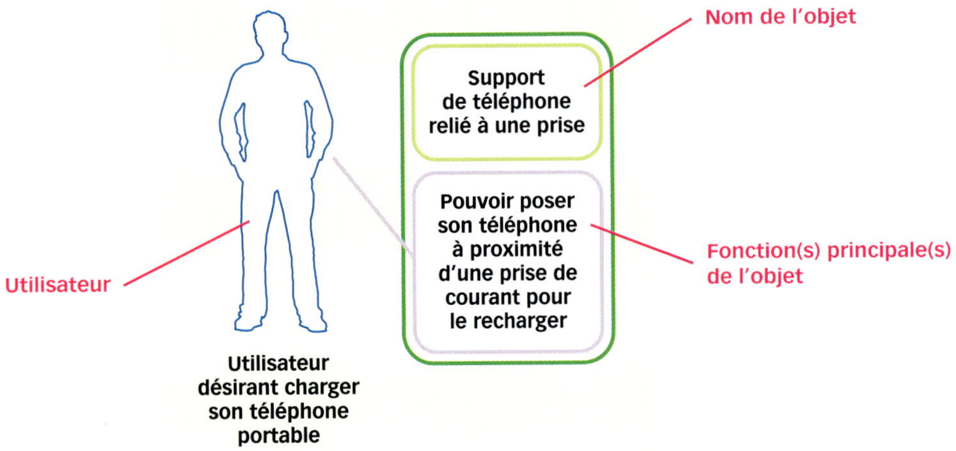

Le cahier des charges

L'**utilisation** d'un objet est précisée par des **contraintes** classées en six familles :

- **contraintes fonctionnelles** : remplir sa fonction principale ;
- **contraintes ergonomiques** : faciliter son utilisation ;
- **contraintes esthétiques** : le rendre plus attrayant ;
- **contraintes de sécurité** : l'utiliser en toute sûreté ;
- **contraintes environnementales** : être conçu et utilisé dans un souci de développement durable ;
- **contraintes économiques** : être d'un cout correspondant au service et à la qualité proposés.

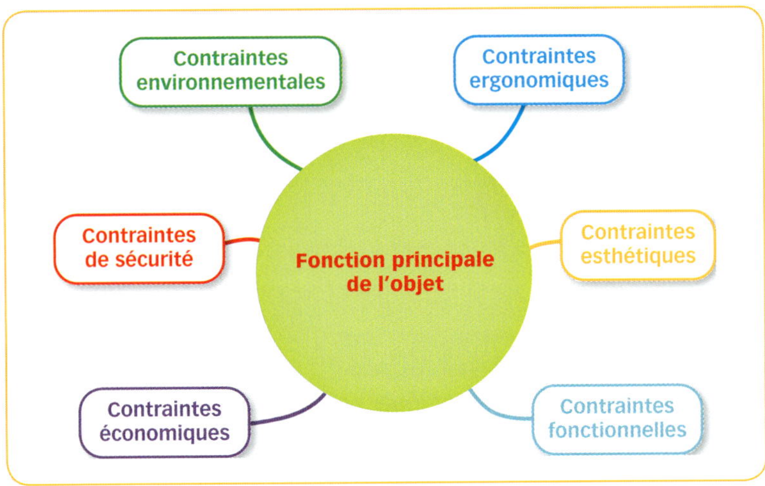

Définitions

- **Besoin**
C'est le service qu'attend un utilisateur d'un objet technique.
- **Fonction principale**
Elle définit le principal besoin de l'utilisateur.
- **Contrainte**
Caractéristique que l'objet technique doit assurer.

Je sais faire

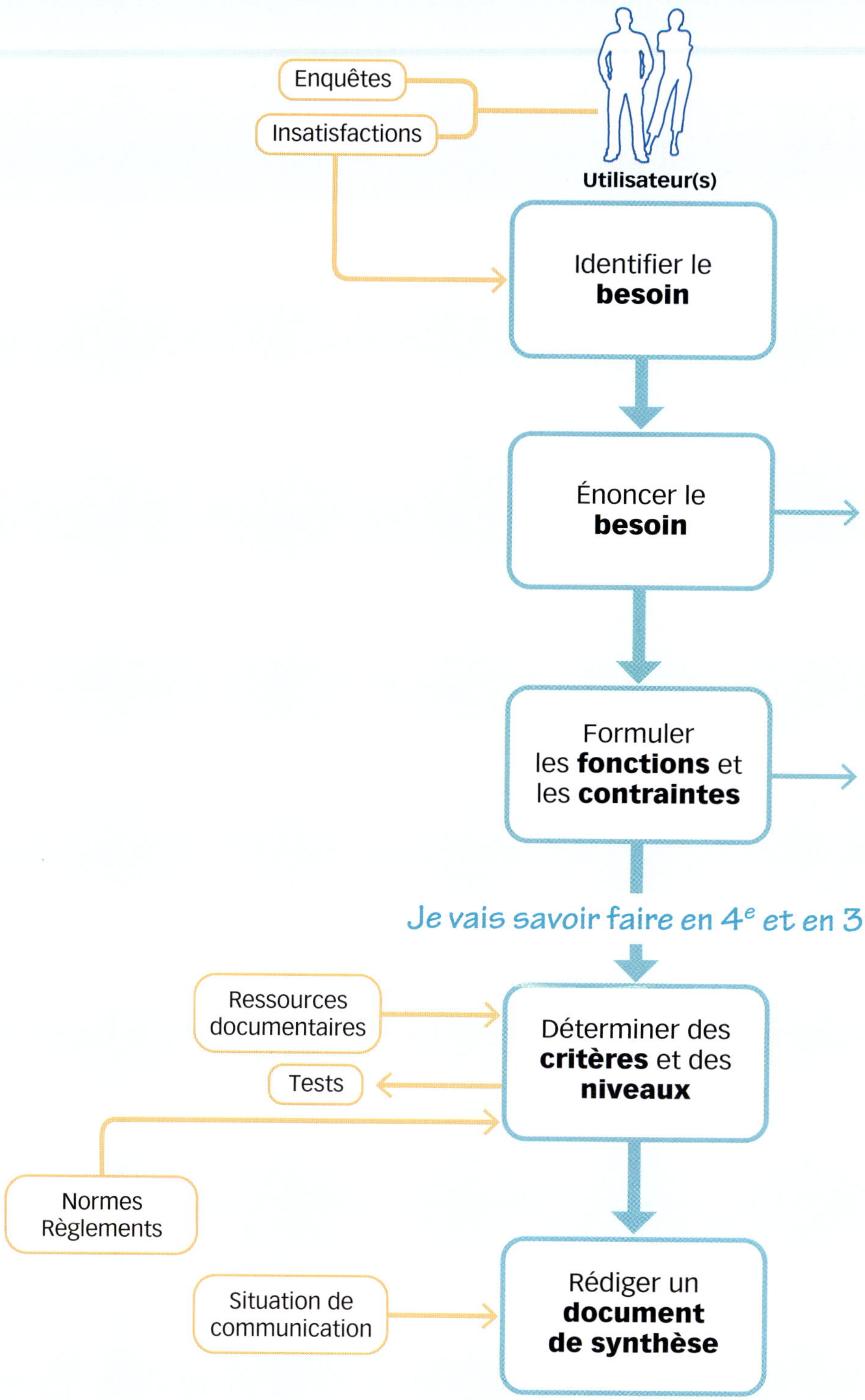

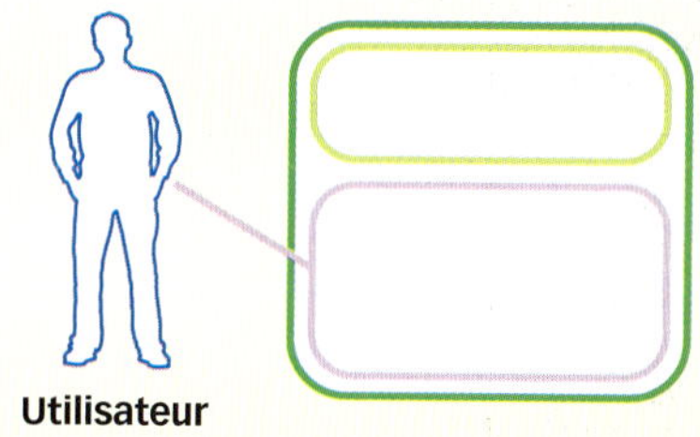

Diagramme des cas d'utilisation

Fonctions (F) et contraintes (C)		Critères	Niveaux
F1	Fonction principale		
C1	Contraintes fonctionnelles		
C2	Contraintes ergonomiques		
C3	Contraintes esthétiques		
C4	Contraintes de sécurité		
C5	Contraintes environnementales		
C6	Contraintes économiques		

Cahier des charges

J'ai appris à

Identifier un besoin et énoncer un problème technique, identifier les conditions, contraintes (normes et règlements) et ressources correspondantes.		
M'approprier un cahier des charges.		

S'ENTRAINER

COMPÉTENCES TRAVAILLÉES
- Identifier les conditions d'utilisation et les contraintes (ex. 2 et 4).
- Identifier un besoin, identifier les conditions, contraintes et ressources correspondantes (ex. 3).

Je vérifie mes connaissances

lienmini.fr/t130-qcm11

Exercice 1

1. Les informations obtenues lors d'une étude auprès des utilisateurs d'un objet technique permettent de lister :

a. leurs insatisfactions et déterminer leurs besoins.

b. les solutions techniques à choisir.

c. les moyens de fabrication à utiliser.

2. La connaissance du besoin des utilisateurs permet de :

a. tester les objets.

b. formuler les fonctions auxquelles le futur objet technique doit répondre.

c. comprendre le fonctionnement de l'objet.

3. Le diagramme des cas d'utilisation indique :

a. le nom de l'objet, le ou les acteurs qui agissent sur lui et le ou les services qu'il rend.

b. l'ensemble des éléments qui sont présents dans l'environnement de l'objet technique.

c. les contraintes devant être respectées.

4. La fonction principale d'un objet technique correspond :

a. à la principale caractéristique technique de l'objet.

b. au principe de fonctionnement de l'objet technique.

c. à la principale action attendue par l'utilisateur pour répondre à son besoin.

5. Dans l'expression du besoin, les contraintes :

a. indiquent ce que l'objet ne doit surtout pas faire.

b. précisent les conditions d'utilisation de l'objet technique pour remplir sa fonction principale, faciliter son utilisation, le rendre plus attrayant, l'utiliser en toute sureté, répondre à un développement durable, être d'un cout correspondant au service et à la qualité proposée.

c. listent les fonctions principales de l'objet.

6. Les familles de contraintes sont :

a. fonctionnelles, esthétiques, ergonomiques, de sureté, environnementales et économiques.

b. fonctionnelles, esthétiques et ergonomiques.

c. environnementales et économiques.

J'utilise mes compétences

Exercice 2 Un vélo pour tous

Le vélo doit pouvoir être utilisé par des jeunes filles ou des jeunes hommes pour gravir aisément des pentes de montagne et les descendre en toute sécurité.

1. Listez les utilisateurs.

2. Déterminez les cas d'utilisation.

3. Tracez le diagramme des cas d'utilisation d'un tel vélo.

Vélo de descente

chapitre 2 Organiser le travail d'un groupe projet

Comment planifier les étapes d'un projet ?

Dans ce chapitre, vous allez apprendre à :

Pratiquer des démarches scientifiques et technologiques
(Domaine 4 du socle)

- Participer à l'organisation et au déroulement des projets.

Mobiliser des outils numériques
(Domaine 2 du socle)

- Organiser, structurer et stocker des ressources numériques.

OBSERVER

Comment établir le planning d'une exposition ?

COMPÉTENCES ASSOCIÉES
- Participer à l'organisation de projets, à la définition des rôles, et à la planification.
- Organiser, structurer et stocker des ressources numériques.

Situation Lors de la semaine dédiée au développement durable, le CDI organise une exposition sur les énergies respectueuses de l'environnement. Plusieurs affiches seront disposées sur de grands panneaux.

Votre classe est chargée de coordonner le projet. Vous avez 9 semaines de travail devant vous ainsi que le temps des vacances d'hiver. Vous utiliserez les services d'un espace numérique de travail (ENT) pour mutualiser vos documents.

Problème Comment organiser des tâches dans le temps ? Comment communiquer en utilisant l'ENT du collège ?

doc. 1 Tâches à effectuer

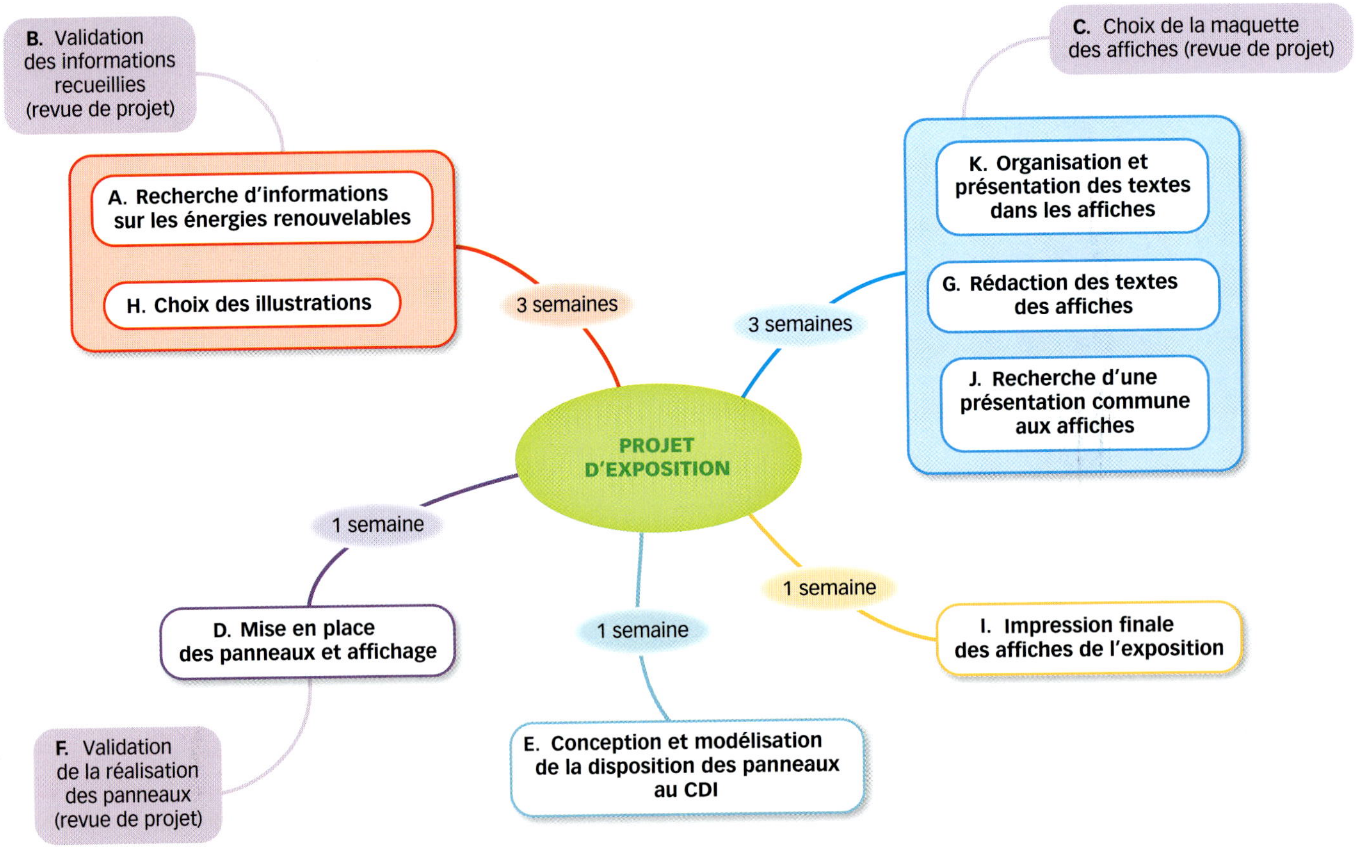

Les tâches regroupées (A et H ; G, J et K) sont exécutées en même temps sur l'ensemble de la durée indiquée.

doc. 2 Calendrier du projet

Durée prévisionnelle	9 semaines
Début du projet	semaine n° 4 de l'année civile
Fin du projet	semaine n° 14 de l'année civile
Vacances d'hiver	semaines n° 8 et n° 9

doc. 3 Besoins de communication pour le projet

- Une revue de projet est prévue toutes les 3 semaines.
- Un compte rendu de la revue de projet et les consignes de travail seront envoyés à toutes les équipes par email.
- Les fichiers seront partagés entre les élèves de la classe.
- Pour faciliter les recherches sur Internet, les liens des pages consultées seront sauvegardés et partagés.
- Un forum de questions permettra de demander de l'aide aux autres élèves et d'échanger des idées.

Revue de projet
Réunion des acteurs d'un projet permettant une coordination des actions et la validation des décisions à chaque étape importante.

doc. 4 Services de l'ENT

Les rubriques de l'ENT

1. Partage de fichiers
2. Agendas partagés
3. Fil d'actualités
4. Messagerie instantanée
5. Forum de discussion
6. Notes/Tâches partagées
7. Annuaire de contacts
8. Partage de liens/favoris

Les services correspondant aux rubriques de l'ENT

1. Permettre l'accès de plusieurs personnes à des fichiers stockés.
2. Planifier des tâches : chaque agenda peut être partagé.
3. Publier des informations multimédias grâce à l'outil « Actualités » dans le panneau d'affichage.
4. Envoyer des informations par email, selon une liste de diffusion, aux membres des équipes.
5. Échanger des messages courts en temps réel avec les membres de l'équipe.
6. Créer et partager les tâches des équipes pour s'organiser autour d'un projet.
7. Regrouper les coordonnées des personnes participant au projet.
8. Archiver et partager une liste d'adresses Internet (favoris).

J'analyse la situation

1. Indiquez la durée totale du projet (Situation).
2. Donnez l'ordre chronologique de la série des tâches I, D et E (doc. 1).
3. Indiquez les tâches qui nécessitent une mise en commun des informations (doc.1).
4. Donnez le nombre de semaines de travail prévu pour ce projet (doc. 2).
5. Relevez la fréquence des revues de projet (doc. 3).
6. Déterminez les services qui permettent de planifier des tâches (doc. 4).

RÉSOUDRE

Comment établir le planning d'une exposition ?

Méthode 1 Ordonner les tâches et réaliser un planning

- Un projet est constitué de plusieurs **étapes** et **opérations** qu'il est nécessaire d'ordonner dans le temps en tenant compte de leur durée : c'est la **chronologie des tâches**. Certaines tâches peuvent être menées en parallèle sur une même durée.
- Le **planning** représente la chronologie des tâches d'un projet en fonction d'un calendrier.

Démarche

Étape 1 Établir l'ordre chronologique des tâches à réaliser sur un axe du temps, en respectant leur ordre logique et leur priorité.

Étape 2 Repérer les tâches pouvant être réalisées en parallèle.

Étape 3 Inscrire les tâches et leur durée dans le planning, sans oublier les réunions qui constituent des tâches plus courtes.

Conseil
Vous pouvez utiliser des logiciels comme **GanttProject.** Ils permettent de planifier des tâches et de les modifier facilement.

Application au projet d'exposition

lienmini.fr/t130-tutogantt
tutoriel GanttProject

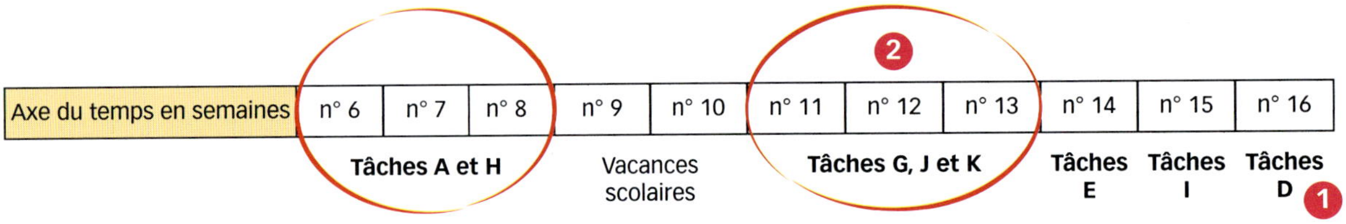

Les tâches entourées seront réalisées en parallèle, au cours des mêmes semaines.

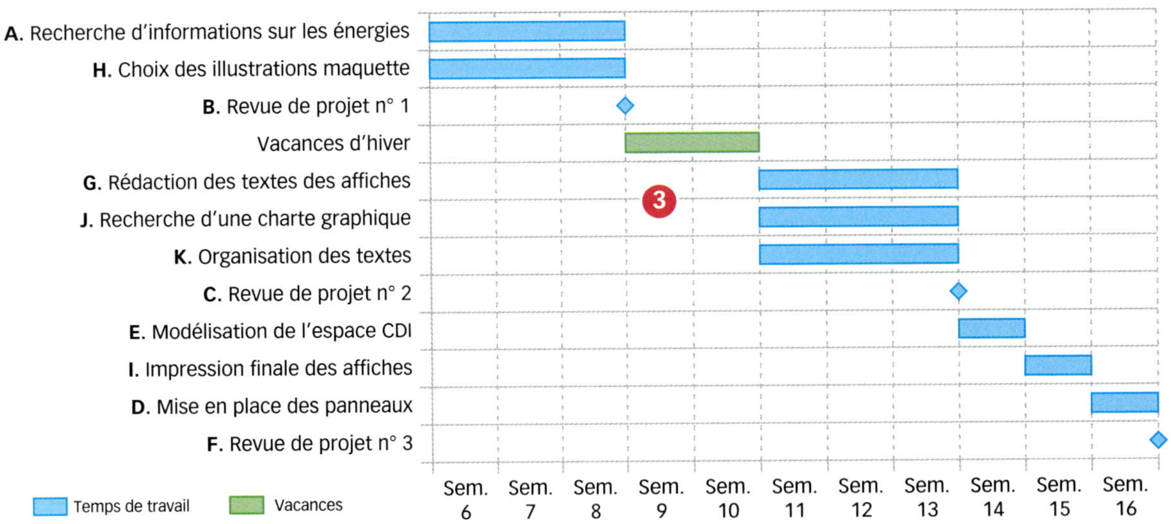

Méthode 2 Choisir les outils de communication

- L'espace numérique de travail (ENT) propose des applications pour :
  - communiquer entre les membres d'une équipe ;
  - stocker et partager des documents ;
  - rechercher et utiliser des ressources en ligne ;
  - travailler à plusieurs à distance ;
  - publier et diffuser des documents numériques.
- Le choix des services de l'ENT à utiliser se fait à partir de l'analyse des besoins de communication des participants.

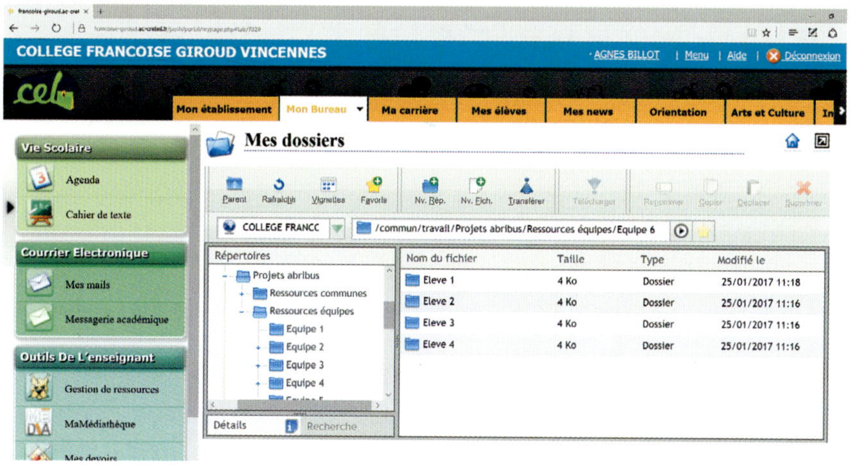

Démarche

Étape 1 Recenser les besoins de communication.

Étape 2 Analyser chaque besoin et rechercher des services de communication appropriés.

Étape 3 Choisir la rubrique de l'ENT la plus adaptée à chaque besoin.

Conseil

Il est important de connaitre les services proposés par l'ENT afin de s'assurer qu'ils correspondent aux besoins demandés.

Application au projet d'exposition

Besoins en communication ①	Services nécessaires ②	Choix des rubriques de l'ENT ③
Envoyer le compte rendu à toutes les équipes par mail	Une liste de diffusion de messages	Newsletter
Partager les fichiers au sein des membres d'une équipe	Des accès pour plusieurs personnes à des répertoires et sous-répertoires communs	Partage de fichiers
Partager les liens des pages Web consultées	Un archivage et un partage des adresses Web	Partage des adresses Internet (favoris)
Demander de l'aide aux autres élèves et échanger des solutions	Des échanges de messages courts en temps réel entre les membres de l'équipe	Forum de discussion

Tableau d'analyse des situations de communication

Je vérifie que j'ai bien compris la méthode

1. Expliquez pourquoi certaines tâches sont regroupées dans la chronologie des tâches. ▸ Méthode 1
2. Montrez que le planning respecte la durée totale du projet. ▸ Méthode 1
3. Précisez de quel document proviennent les informations de chaque colonne du tableau. ▸ Méthode 2

Mini-projet

Afin de clore le projet, il faut prévoir le démontage de l'exposition, le classement des affiches et le rangement de la salle. Par groupe, complétez le planning sachant que l'exposition a une durée de 3 semaines.

APPRENDRE

Je retiens

Le planning d'un projet

Un projet est constitué de plusieurs **étapes**. Il faut déterminer leur durée, les ordonner chronologiquement et les programmer selon un calendrier (planning) pour organiser le groupe du projet.

Le planning visualise une suite de tâches à accomplir.

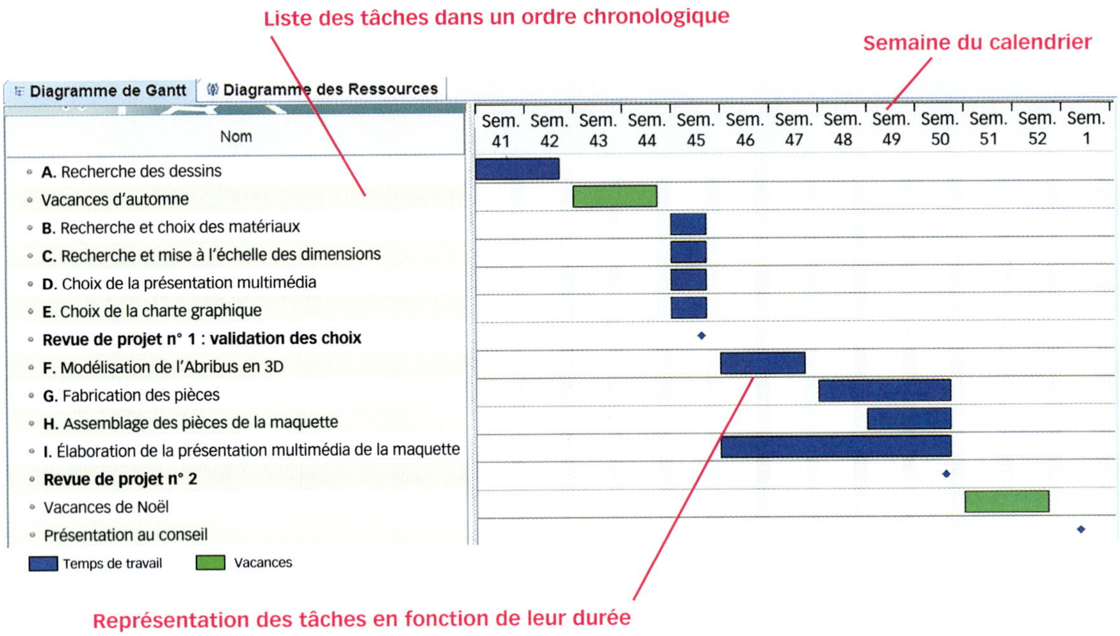

L'utilisation d'un espace numérique de travail (ENT)

Un **espace numérique de travail** (ENT) propose des services utiles dans le cadre d'un projet. Ils permettent de :
- communiquer entre les membres de l'équipe ;
- stocker et partager des documents ;
- rechercher et utiliser des ressources en ligne ;
- travailler à distance ;
- publier et diffuser des documents numériques.

Les revues de projet

Les **revues de projet** rassemblent les acteurs du projet à chaque étape importante. Lors de cette réunion, les équipes rendent compte de l'avancement de leur travail. Des décisions sont prises collectivement pour la suite du projet.

Définitions

Organisation d'un groupe de projet
Ensemble de règles qui s'appliquent sur un projet pour :
– définir et répartir les **tâches des participants** ;
– tenir un **planning** qui prévoit le calendrier des tâches à effectuer ;
– organiser des réunions régulières appelées **revues de projet**.

Je sais faire

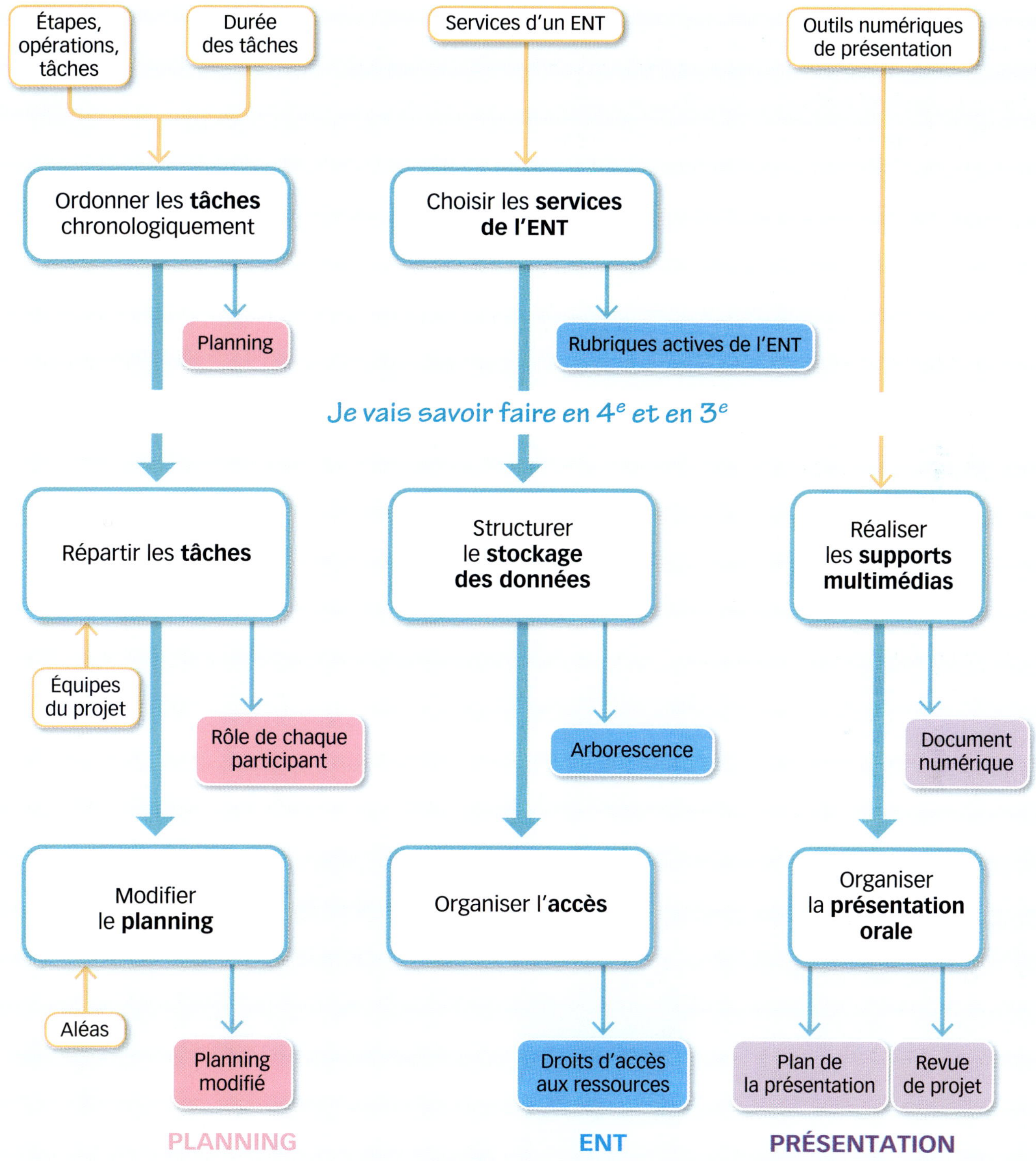

J'ai appris à

	😐	😁
Participer à l'organisation et au déroulement des projets.		
Organiser, structurer et stocker des ressources numériques.		

S'ENTRAINER

COMPÉTENCES TRAVAILLÉES
- Participer à l'organisation et au déroulement de projets (ex. 2, 3, 5).
- Organiser, structurer et stocker des ressources numériques (ex. 4).

Je vérifie mes connaissances

lienmini.fr/t130-qcm21

Exercice 1

1. Un planning d'un projet indique :
a. les périodes de vacances scolaires de l'année.
b. uniquement la liste des étapes à effectuer pour la réalisation du projet.
c. l'ordre chronologique des opérations du projet selon un calendrier.

2. Pour établir un planning, il faut connaitre :
a. la durée de chaque opération à planifier.
b. uniquement la liste des opérations à planifier.
c. les moyens de réalisation des opérations du projet.

3. Pour mener à bien un projet, les membres de l'équipe :
a. ne doivent pas communiquer entre eux.
b. choisissent un espace de travail collaboratif (un ENT).
c. utilisent uniquement un espace de stockage personnel.

4. Un ENT permet entre autre de :
a. communiquer entre les membres de l'équipe du projet.
b. réaliser les opérations du projet.
c. faire de la publicité pour le projet.

5. Les moments de réunion des membres de l'équipe d'un projet s'appellent des :
a. évaluations du projet.
b. comptes rendus du projet.
c. revues de projet.

6. Les membres de l'équipe d'un projet se réunissent pour :
a. indiquer la durée des étapes de production.
b. coordonner leurs actions et prendre des décisions sur la suite du projet en cours.
c. réaliser le planning du projet.

J'utilise mes compétences

Exercice 2 Une revue de projet

Une commune souhaite implanter un parc éolien. Une équipe doit présenter son projet aux responsables de la commune. Cette présentation permet de déterminer les solutions en fonction des contraintes communales. C'est le chef de projet qui conduit cette revue de projet.

1. Citez les différents acteurs de la revue de projet.
2. Expliquez l'intérêt de cette première revue de projet avec les membres de la commune où le parc sera implanté.

3SERVER

mment concevoir
e casquette intelligente ?

COMPÉTENCE ASSOCIÉE
- Imaginer des solutions pour produire des objets et des éléments de programmes informatiques en réponse au besoin.

lienmini.fr/t130-vetement
vidéo d'un vêtement connecté

on Marc travaille pour
abricant de vêtements
ectés. Il a imaginé la cas-
e UVPROTECT qui informe
dice d'UV reçu :
son est émis pendant
ondes dès que l'indice
eint le niveau 3 nécessi-
pplication d'une crème
rice ;
nformation visuelle est
e sur le smartphone.
me informe l'utilisateur
s deux heures.

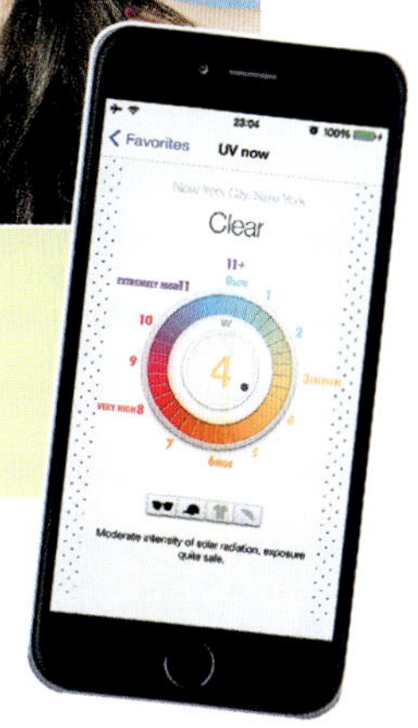

Quelle solution technique pour réaliser cette casquette ?

Application qui préconise le type de protection à utiliser en fonction de l'indice d'UV.

ntation de l'idée de départ

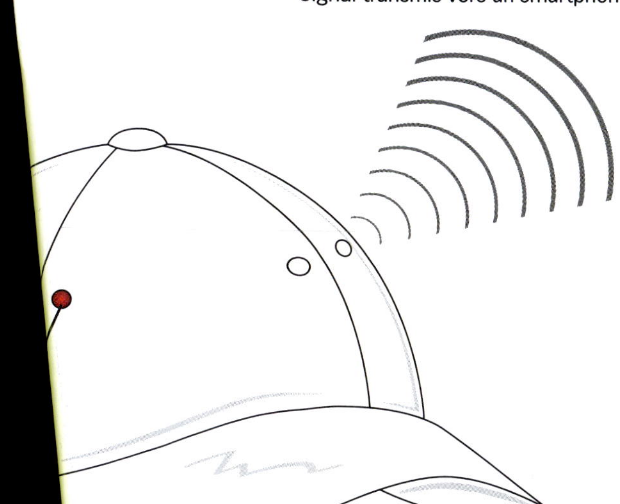

UV (rayons ultraviolets)
Il s'agit d'un type de rayonnement invisible, émis par le soleil. Ces rayons sont dangereux pour les yeux et la peau. Leur puissance est évaluée par une échelle d'indices.

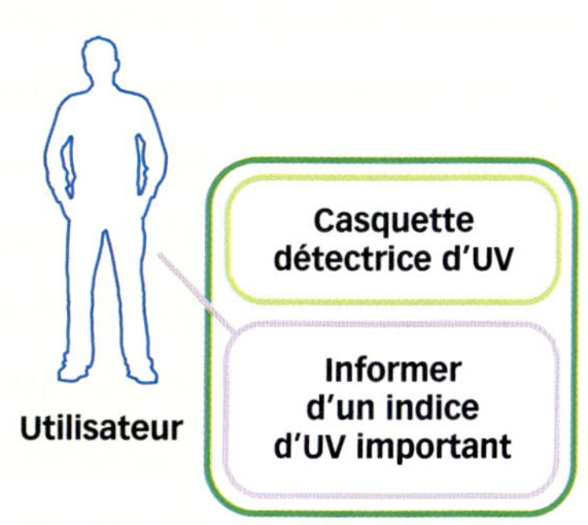

Diagramme des cas d'utilisation

Exercice 3 La lecture d'un planning

Tâches	Début	Fin	Durée*	36	37	38	39	40	41	42	43	44	45	46	47	48
				Semaines												
Études	Sem 36	Sem 38	15 jours							Vacances						
Conception	Sem 39	Sem 41	15 jours													
Réalisation	Sem 44	Sem 48	25 jours													

* La durée de la tâche est calculée en jours ouvrés (du lundi au vendredi).

1. Déterminez quand est réalisée la phase de conception et indiquez sa durée.
2. Indiquez à quoi correspondent les cases en couleur. Calculez la durée du projet, en jours, sans les cases grisées.

Exercice 4 Les services d'un ENT

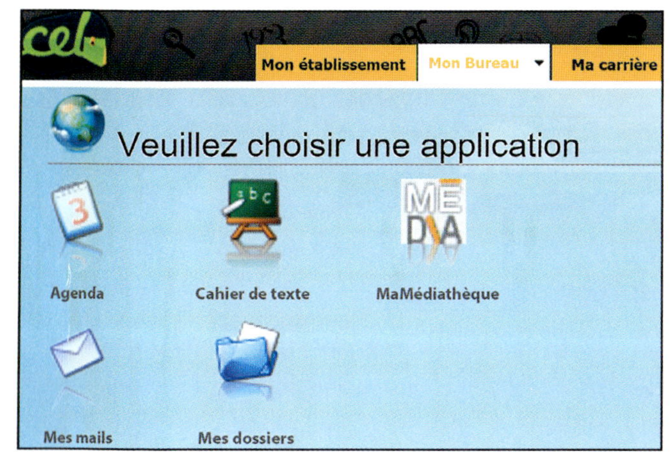

Les élèves ont besoin de communiquer et de partager des documents pour un projet commun.

1. Déterminez l'application de l'ENT correspondant à chacune des utilisations suivantes : communiquer ; stocker et partager des documents ; rechercher des ressources en ligne.
2. Citez une utilisation de l'application « Agenda ».

Exercice 5 Le planning de construction d'un bâtiment

Un projet en vue de la réalisation d'un bâtiment industriel comporte trois phases.

PHASE 1 Étude 4 mois
- Réaliser les plans d'ensemble du bâtiment (3 mois)
- Définir l'implantation des machines (1 mois)
- Calculer les structures (1 mois)
- Définir les réseaux d'énergie et d'information (1 mois)

PHASE 2 Réalisation 6 mois
- Construire le bâtiment (4 mois)
- Installer les réseaux d'énergie et d'information (6 mois)
- Mettre en place les machines (1 mois)

PHASE 3 Démarrage 2 mois
- Tester les nouvelles installations (1 mois)
- Homologuer les nouvelles installations (1 mois) après les tests
- Démarrer la production d'une pré-série test (1 mois)

Chronologie des phases et tâches correspondantes

1. Expliquez pourquoi il existe une différence entre la durée d'une phase et la durée totale des tâches de cette phase.
2. Tracez le planning de l'ensemble des tâches du projet pour que la durée de chaque phase soit respectée.
3. Déterminez deux moments où une revue de projet est essentielle.

Une mini-serre automatisée

Tâche complexe

VOTRE MISSION

Marc travaille dans une entreprise qui réalise des mini-serres pour balcon. Il doit organiser la conception et la réalisation du prototype d'un nouveau modèle qui permette d'entretenir les plantes en l'absence des utilisateurs. Le projet sera mené entre la semaine 8 et la semaine 16.
Vous devez assister Marc en lui proposant un planning des tâches et les services adaptés d'un ENT.

POUR RÉUSSIR

- J'établis le planning du projet en respectant la durée de chaque tâche.
- J'établis le planning en respectant la chronologie des tâches.
- Je nomme les rubriques de l'ENT (doc. 4, p. 25) nécessaires aux besoins de communication.

VOS RESSOURCES

doc. 1 Liste et durée des tâches

Tâches	Durée
Études préalables (analyse du besoin, étude fonctionnelle, élaboration du cahier des charges)	3 semaines Semaines 8, 9, 10
Conception de la mini-serre (recherche de solutions techniques et modélisation des solutions)	3 semaines Semaines 11, 12, 13
Choix des solutions (présentation orale de la revue de projet)	1 semaine (sem. 14)
Réalisation du prototype (choix et commande des composants, fabrication des pièces)	3 semaines Semaines 14, 15, 16
Automatisation de la mini-serre (recherche du programme, implantation du programme, tests)	3 semaines Semaines 14, 15, 16
Communication au sein du projet	Sur l'ensemble de la durée du projet (semaine 8 à 16)

doc. 2 Communication dans le projet

- Stocker et partager des documents entre collaborateurs.
- Échanger des informations entre collaborateurs.
- Planifier des moments de réunion entre collaborateurs.

chapitre 3

Imagi des so pour des c

Comment se protéger du soleil ?

Co
un

Situati
un
conn
quett
de l'in
– un
30 sec
UV att
tant l'a
protect
– une i
envoyé
Le systè
toutes le

Problème
imaginer

doc. 1 Représ

doc. 2 Dispositif électronique expérimental

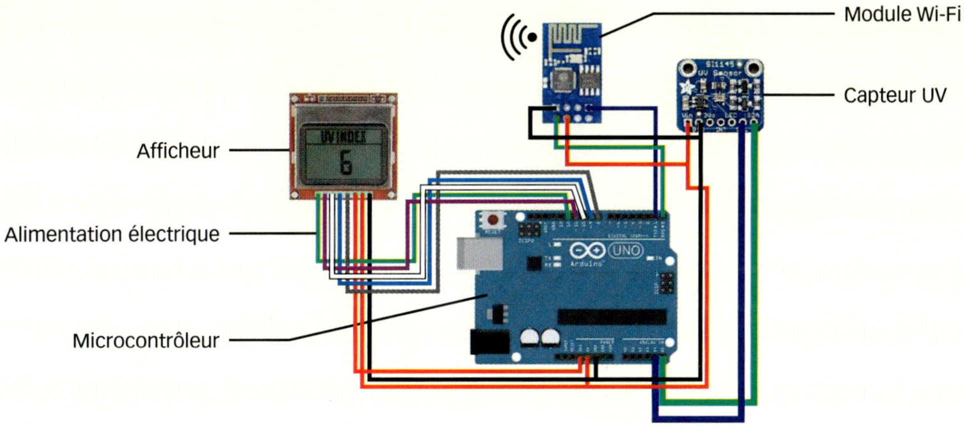

Ce dispositif électronique, encore à l'état de prototype, est composé de quatre blocs. Il répond à la fonction principale du projet de Marc : afficher l'indice d'UV mesuré et le communiquer à un smartphone.

doc. 3 Modules électroniques adaptés aux vêtements

Chaine d'énergie

Batterie

Interrupteur

Del

Buzzer

Chaine d'information

Capteur UV

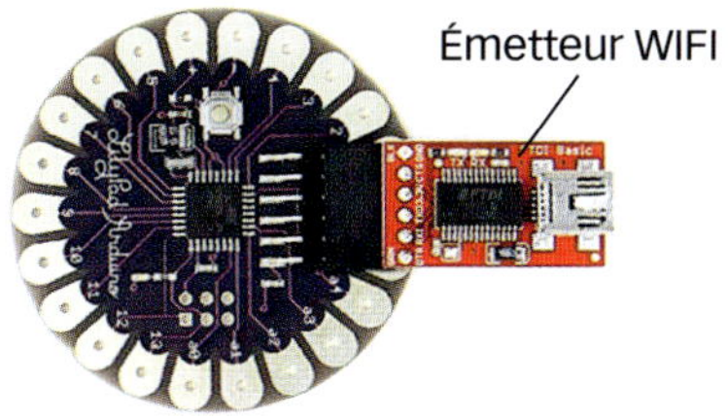

Microcontrôleur avec émetteur

La taille et le poids des composants sont adaptés pour être utilisés sur des vêtements.

doc. 4 Extrait d'un algorithme

Mettre sous tension le système (Marche)
SI l'indice d'UV est supérieur à 3 **ALORS**
  Émettre une musique pendant 30 secondes
  Envoyer un message Wi-Fi
SI le système est mis hors tension **ALORS**
  Arrêt

Système
Ensemble d'objets techniques qui, réunis, fonctionnent pour répondre au besoin.

J'analyse la situation

1. Indiquez les deux manières dont seront avertis les utilisateurs de la casquette quand l'indice UV atteint le niveau 3 (**Situation** et **doc. 1**).
2. Citez l'élément du dispositif expérimental qui ne correspond pas au projet de Marc (**doc. 2**).
3. Listez les éléments à ajouter au dispositif expérimental pour réaliser le projet de Marc (**doc. 2**).
4. Donnez les conditions qui doivent être remplies pour que l'objet technique émette un son (**Situation** et **doc. 4**).
5. Repérez les éléments qui peuvent être dissimulés dans la casquette et ceux qui doivent être accessibles de l'extérieur (**doc. 3**).

RÉSOUDRE

Comment concevoir une casquette intelligente ?

Méthode 1 Décrire les composants d'un objet

Pour assurer une fonction technique, un objet, ici la casquette, regroupe différents éléments. **Le diagramme de définition des blocs** représente une solution technique. Elle liste les principaux composants de l'objet.

Démarche

Étape 1 Donner le nom de l'objet qui répond au besoin.

Étape 2 Lister et relier les blocs nécessaires pour apporter une solution technique.

Étape 3 Un bloc peut être relié à un ou plusieurs sous-blocs qui interagissent uniquement avec lui.

Application à la casquette

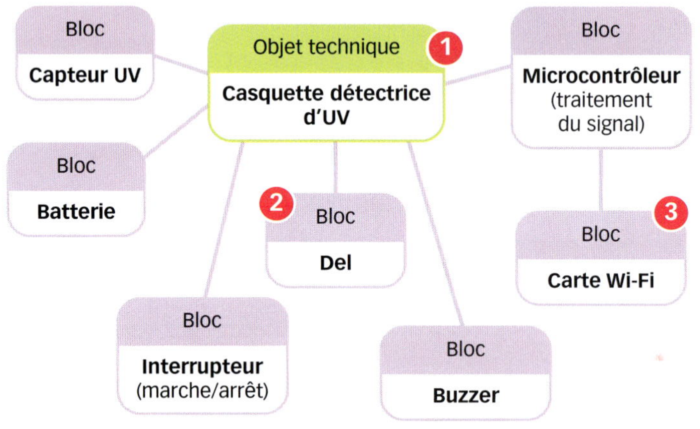

Diagramme de définition des blocs

Méthode 2 Identifier les interactions entre l'objet et son environnement

Le diagramme des flux d'information et d'énergie représente les interactions entre l'objet technique et son environnement pour produire l'effet attendu.

Démarche

Étape 1 Représenter l'objet constitué de deux éléments : chaine d'énergie et chaine d'information.

Étape 2 Lister les informations fournies par l'utilisateur en entrée de la chaine d'information.

Étape 3 Lister les informations fournies par l'environnement en entrée de la chaine d'information.

Étape 4 Indiquer l'énergie qui alimente l'objet.

Étape 5 Indiquer les actions, les informations produites par l'objet en sortie.

Application à la casquette

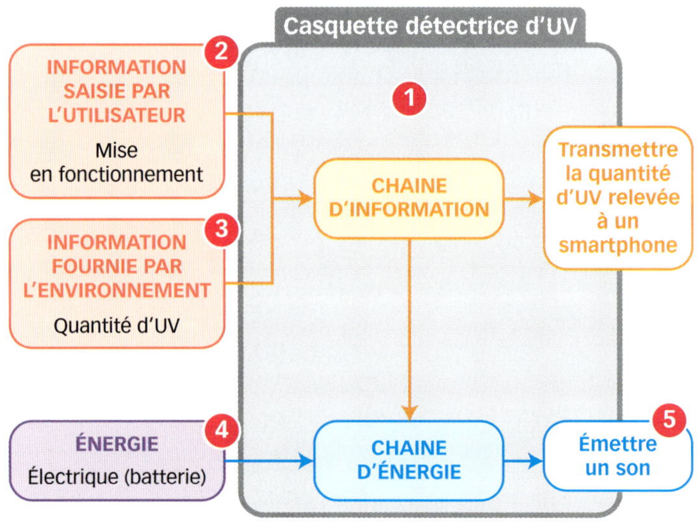

Diagramme simplifié des flux d'information et d'énergie

Méthode 3 Décrire le comportement d'un objet

Lorsque l'indice d'UV est supérieur à 3, la casquette émet un signal et avertit l'utilisateur qu'il doit mettre de la crème. Pour décrire le comportement d'un objet technique (ici, la casquette), on écrit un algorithme ou un algorigramme.

Démarche

Étape 1 Indiquer les évènements que le système doit prendre en compte.

Étape 2 Indiquer les actions qui sont déclenchées à partir de ces évènements.

Application à la casquette

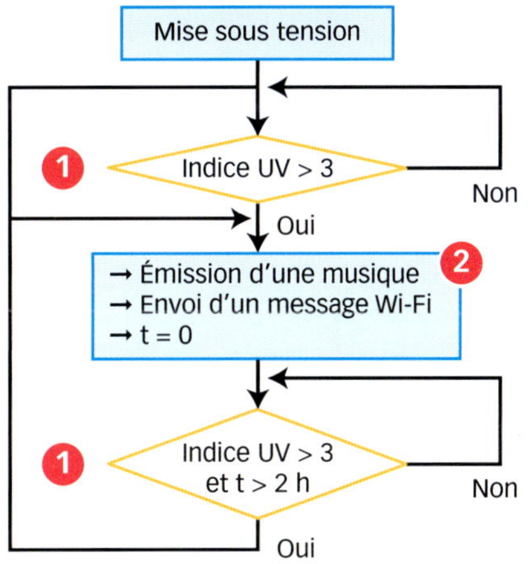

Algorigramme

Méthode 4 Représenter la solution avec un croquis

Un croquis permet de disposer les éléments essentiels de l'objet technique à concevoir.

Démarche

Étape 1 Rechercher un angle de vue pertinent (face, dessus, côté…) pour visualiser au mieux l'ensemble des composants.

Étape 2 Dessiner la forme globale de l'objet.

Étape 3 Dessiner les composants listés dans le diagramme des blocs.

Application à la casquette

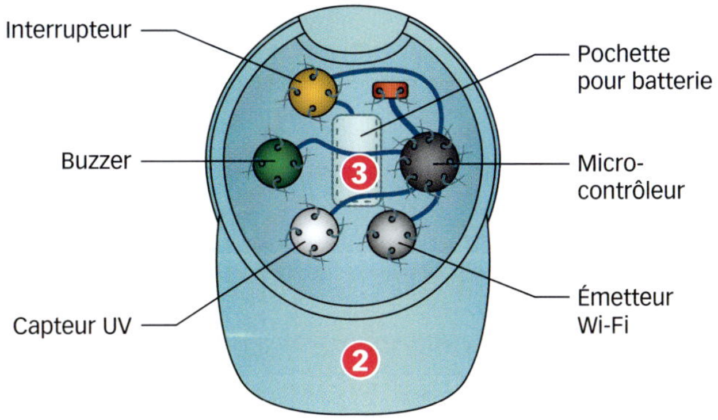

1 Croquis de la casquette, vue du dessus

Je vérifie que j'ai bien compris la méthode

1. Indiquez ce que représente le diagramme de définition des blocs. ▸ Méthode 1
2. Repérez les deux informations qui sont transmises au système. ▸ Méthode 2
3. Indiquez la condition qui doit être remplie pour que le système émette une musique dès sa mise en fonctionnement. ▸ Méthode 3
4. Quel document a permis de déterminer les sept éléments figurant sur le croquis ? ▸ Méthode 4

Mini-projet

Par groupe de deux, modifiez l'algorigramme pour qu'un message et une musique soient émis si l'indice d'UV est supérieur à 3.

APPRENDRE

Je retiens

La recherche des composants d'une solution

Pour représenter une solution technique, on liste les principaux composants d'un objet qui répondent au cahier des charges.

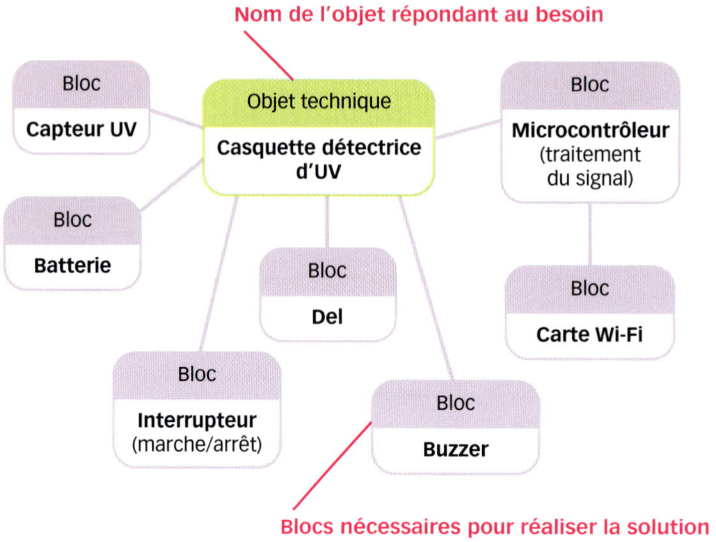

Diagramme des blocs d'une casquette connectée

Identification des flux d'énergie et d'information

Un objet technique est en relation avec son environnement : l'utilisateur, l'énergie et des informations. La chaine d'information et la chaine d'énergie produisent l'effet attendu.

Le schéma ci-dessous montre l'interaction de l'objet avec son environnement.

Le comportement de l'objet technique

Pour répondre au comportement attendu d'un objet technique, il faut lister chronologiquement l'ensemble des opérations qu'il doit réaliser. On définit ainsi l'algorithme du système qui correspond au programme.

Design et représentation d'un objet technique

Une démarche d'innovation et de créativité intègre une dimension design. Il s'agit de déterminer les formes les mieux adaptées à l'usage (respecter les contraintes fonctionnelles), au gout des utilisateurs (fonction d'estime, style), aux contraintes d'ergonomie et de sécurité.

La **représentation 3D** permet de définir avec précision les formes et les dimensions d'un objet. Elle est réalisée grâce à un logiciel de conception assistée par ordinateur (CAO). On dessine des « esquisses » ou croquis (surfaces en 2D) auxquels on ajoute ou on enlève de la matière.

Définitions

Chaine d'information
Fonctions qui acquièrent, traitent et transmettent des informations.

Chaine d'énergie
Composants qui gèrent l'énergie nécessaire au fonctionnement de l'objet.

Algorithme
Suite ordonnée d'instructions qui permettent de décrire le comportement d'un objet.

Innovation et créativité
Faculté d'invention et d'imagination dans un processus de conception d'objet.

Design
Processus de conception qui prend en compte la technique, l'art et l'évolution de la société.

Croquis
Dessin rapide représentant l'essentiel des formes d'un objet.

Je sais faire

Diagramme des exigences / **Cahier des charges**

↓

Rechercher des solutions et définir des **blocs fonctionnels** → Diagramme des blocs

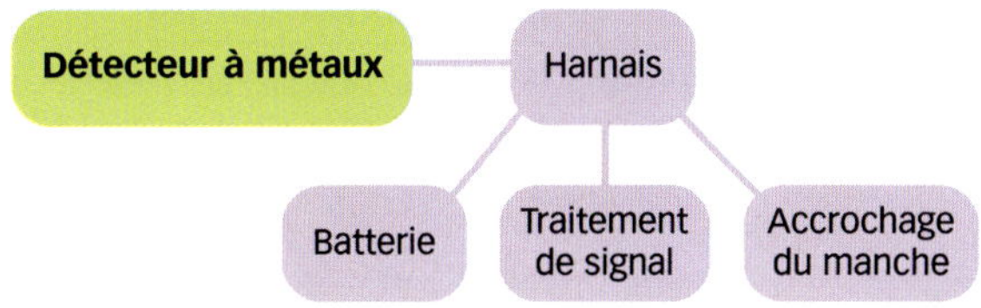

↓

Identifier des **flux d'information** et **d'énergie** → Diagramme simplifié des flux

Je vais savoir faire en 4e et en 3e

↓

Représenter des **formes** → Croquis

↓

Définir les **comportements** → Algorithme

J'ai appris à

	😐	😁
Rechercher des solutions techniques à un problème posé, expliciter mes choix et les communiquer en argumentant.		
Identifier le(s) matériau(x), les flux d'énergie et d'information dans le cadre d'une production technique sur un objet et décrire les transformations qui s'opèrent.		
Imaginer des solutions en réponse au besoin.		
Traduire, à l'aide d'outils de représentation numérique, des choix de solutions sous forme de croquis, de dessins ou de schémas.		

S'ENTRAINER

COMPÉTENCES TRAVAILLÉES
- Identifier les flux d'énergie et d'information dans le cadre d'une production technique sur un objet et décrire les transformations qui s'opèrent (ex. 3).
- Traduire des choix de solutions sous forme de schémas, de croquis, de dessins (ex. 2, 4 et 5).

Je vérifie mes connaissances

lienmini.fr/t130-qcm31

Exercice 1

1. Pour identifier les principaux composants qui participent à une solution technique et répondent au cahier des charges, on utilise :

a. un diagramme de définition des blocs.

b. un diagramme des cas d'utilisation.

c. un diagramme des exigences.

2. Parmi les interactions d'un objet avec son environnement, on distingue principalement :

a. les informations saisies par l'utilisateur, les informations techniques, l'énergie électrique fournie au système.

b. les informations saisies par l'utilisateur, les informations fournies par l'environnement, la forme de l'énergie, les actions transmises par le système à l'utilisateur.

c. les informations fournies par l'environnement, l'énergie mécanique fournie au système.

3. La représentation d'une solution par un algorithme permet de lister :

a. l'ensemble des composants d'un système technique.

b. chronologiquement toutes les étapes de fabrication.

c. chronologiquement l'ensemble des instructions qui commandent un système technique.

4. Dans un algorithme, une action est déclenchée :

a. par un évènement toujours extérieur au système.

b. à partir d'un évènement.

c. toujours par l'utilisateur.

5. La représentation d'une solution par un croquis permet de :

a. fabriquer des pièces.

b. dégager l'essentiel de la forme de l'objet technique.

c. représenter un schéma électrique.

6. Le design désigne :

a. le processus de conception et de création qui prend en compte la technique, l'art et l'évolution de la société pour produire de nouveaux objets.

b. uniquement la forme de l'objet.

c. un nouvel objet.

J'utilise mes compétences

Exercice 2 Un détecteur de métaux

Un détecteur de métaux permet de rechercher des objets métalliques enfouis dans le sol. Ceux-ci perturbent le champ magnétique produit par le disque, ce qui déclenche un signal sonore et l'affichage d'un message pour l'utilisateur.

1. Décrivez le principe de fonctionnement du bloc « Disque détection ».
2. Expliquez pourquoi l'afficheur et le casque audio sont placés sous le bloc traitement du signal.

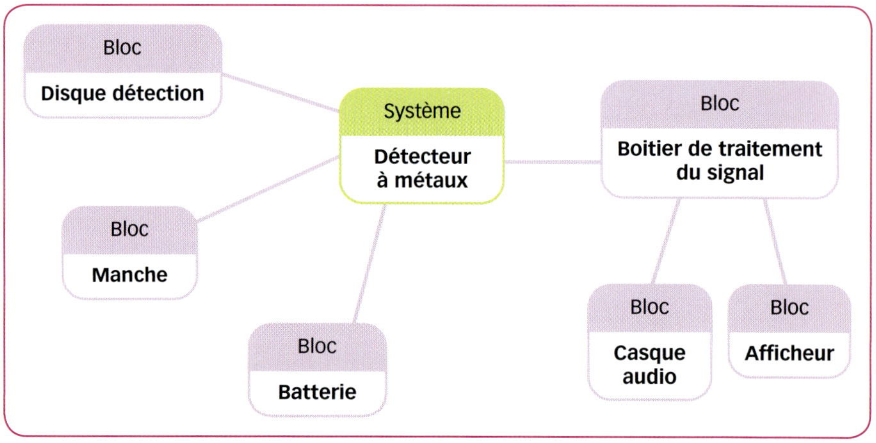

Exercice 3 L'automatisation d'un store de terrasse

Un fabricant de stores liste les éléments extérieurs qu'il doit prendre en compte pour son modèle de store automatique.

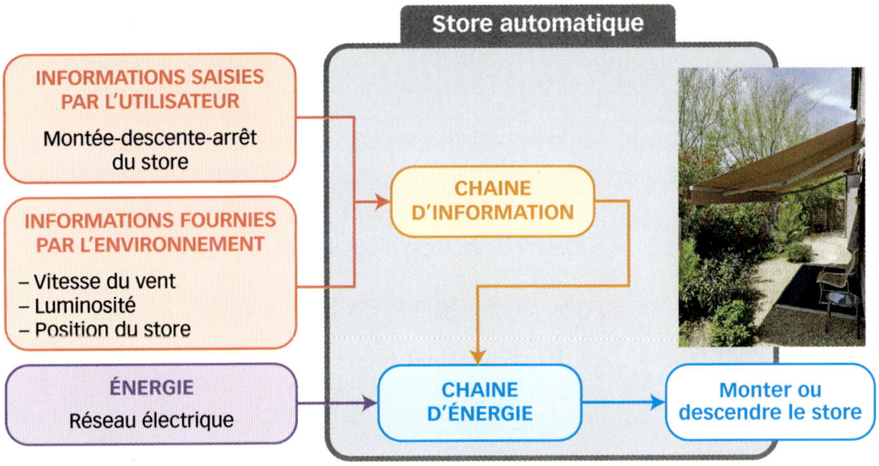

1. Précisez le risque que présente un store déplié par temps de vent fort.
2. Donnez les informations fournies par l'environnement qui doivent être prises en compte pour automatiser le store.
3. Indiquez la forme de l'énergie fournie au système.

Exercice 4 Le comportement d'un arroseur automatique

Cet algorithme précise les instructions qui commandent un arroseur automatique en prenant en compte l'humidité du sol.

Algorithme	Algorigramme
Mettre en service l'arroseur automatique **SI** il est entre 22 h et 6 h **ET** humidité insuffisante **ALORS** Activer l'arrosage	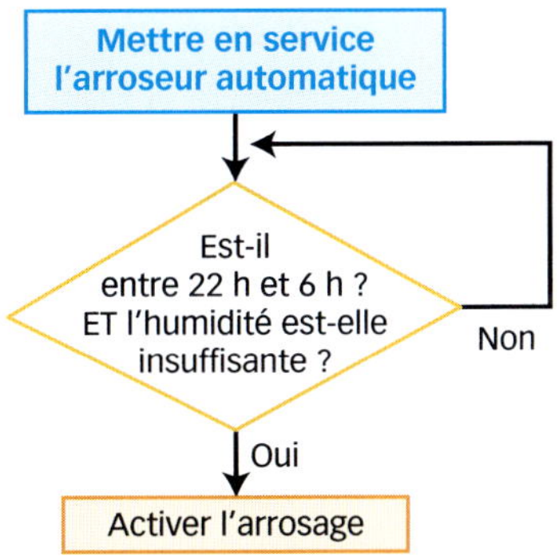

1. Relevez les deux conditions à respecter pour que l'arrosage soit activé.
2. Indiquez la forme du symbole dans l'organigramme qui correspond à la condition « SI » de l'algorithme.
3. Modifiez l'algorithme et l'algorigramme pour limiter la durée d'arrosage à 30 min.

Exercice 5 La recherche d'une forme pour un babyphone-visiophone

Une designeuse a imaginé une forme sans danger et à l'esthétique simple pour un babyphone équipé d'un visiophone. La surface pour poser le babyphone est importante afin d'assurer une bonne stabilité.

1. Indiquez la solution retenue par la designeuse pour que l'objet puisse être manipulé sans danger par un enfant.
2. Proposez un croquis d'une autre forme qui respecte les mêmes contraintes.

Une mini-serre automatisée

Tâche complexe

VOTRE MISSION

Marie travaille dans une entreprise qui réalise des mini-serres automatisées pour les balcons. Pour ton collège, tu vas réaliser avec elle une nouvelle version pour entretenir les plantes pendant les vacances scolaires.

POUR RÉUSSIR

- Je représente l'ensemble des blocs qui permettent de réaliser une solution technique.
- Je représente un diagramme indiquant les informations fournies au système et les actions qu'il réalise.
- Je rédige un algorithme pour l'ouverture et la fermeture de la fenêtre en prenant en compte les contraintes exprimées.
- Je dessine un croquis de la fenêtre en position ouverte en plaçant les vis de maintien de la crémaillère afin qu'elle permette l'ouverture et la fermeture de la fenêtre.

VOS RESSOURCES

doc. 1 Contraintes fonctionnelles

- Conserver une température à l'intérieur de la serre entre 18 °C et 20 °C.
- Conserver un taux d'humidité de la terre entre 60 % et 70 %.
- Être relié au réseau électrique.
- Disposer d'une réserve d'eau d'un litre.
- Ne pas démarrer la pompe d'arrosage si la réserve d'eau est vide.
- Refroidir l'intérieur de la serre en ouvrant une fenêtre.

doc. 2 Description du fonctionnement de l'arrosage par un algorithme

SI le taux d'humidité est inférieur à 60 % **ET SI** présence d'eau dans le bac de réserve **ALORS**

  Arroser

SI le taux d'humidité est supérieur à 70 % **ALORS**

  Arrêter d'arroser

TANT QUE le système n'est pas mis hors tension

  Répéter la même action

doc. 3 Recherche de la solution pour l'ouverture de la fenêtre

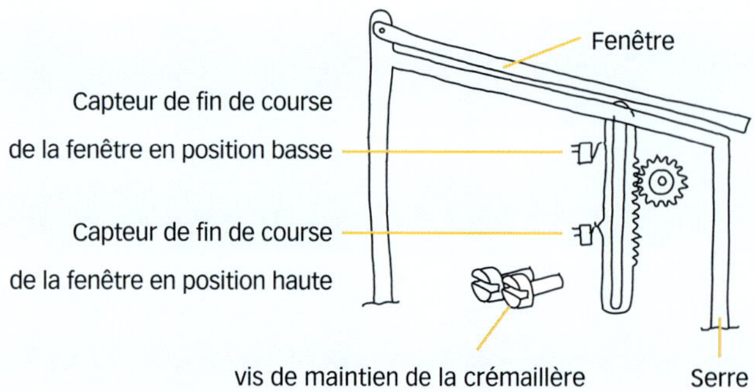

Croquis de la solution : fenêtre en position fermée

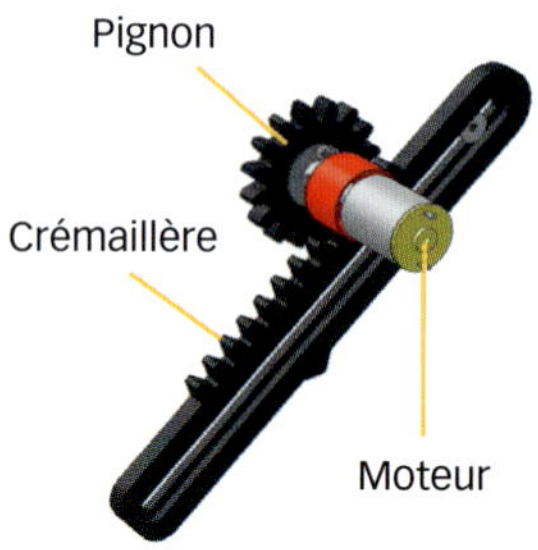

Mécanisme d'ouverture et de fermeture

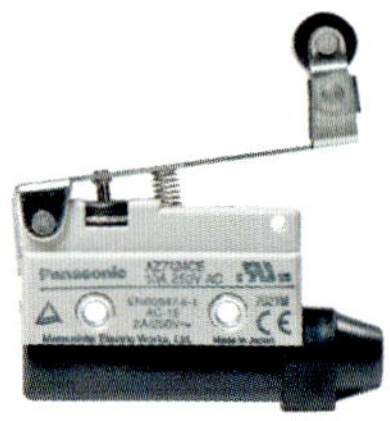

Capteur fin de course

chapitre 4 Réaliser le prototype d'un objet

Comment réaliser le prototype d'un drone ?

Dans ce chapitre, vous allez apprendre à :

Concevoir, créer, réaliser
(Domaine 4 du socle)

- Réaliser, de manière collaborative, le prototype d'un objet pour valider une solution.

Mobiliser des outils numériques
(Domaine 2 du socle)

- Piloter un système connecté localement ou à distance.

OBSERVER

COMPÉTENCE ASSOCIÉE
- Réaliser, de manière collaborative, le prototype d'un objet pour valider une solution.

Comment réaliser le prototype d'un dispositif vidéo pour un drone ?

Situation Hector et ses amis s'entrainent au pilotage d'un drone. Ils doivent toujours avoir sous les yeux cet objet volant et aimeraient le piloter avec des lunettes de réalité virtuelle.

Pour cela, ils doivent fixer une caméra sur le drone et lui téléverser un programme qui permette de le piloter. Hector a imaginé une pièce de fixation spécifique. Il doit maintenant la fabriquer et tester le fonctionnement du prototype.

Problème Comment choisir le moyen de prototypage du support de caméra ? Comment le réaliser et le tester sur le drone ?

Téléverser
Transférer un programme depuis un ordinateur pour l'implanter dans un autre support.

doc. 1 Recherche de solutions pour fixer la caméra

Drone sans caméra

Essai de fixation de la caméra

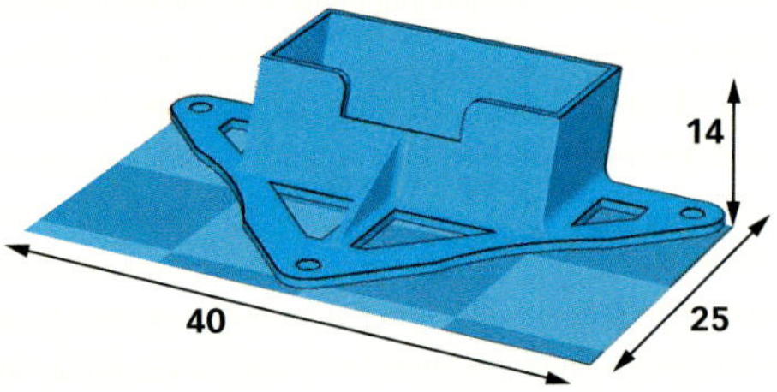

Modélisation d'un support de caméra

doc. 2 Principe de fonctionnement des machines de prototypage rapide

L'imprimante 3D, grâce à une résistance, chauffe la matière et la rend pâteuse. Elle l'ajoute ensuite par couches successives.

La fraiseuse possède un outil tranchant (fraise) qui enlève (usine) de la matière pour façonner un objet.

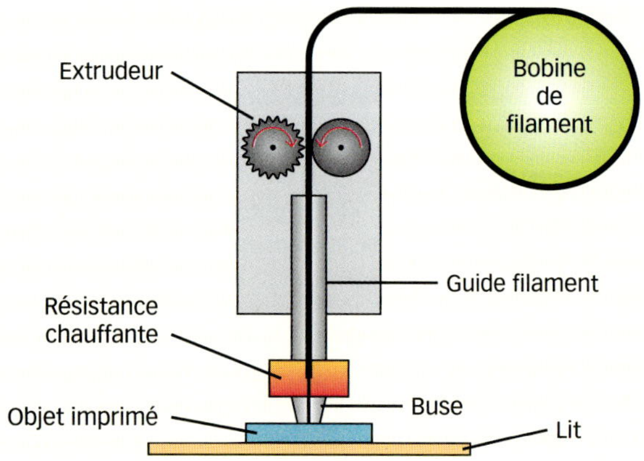

Imprimante 3D

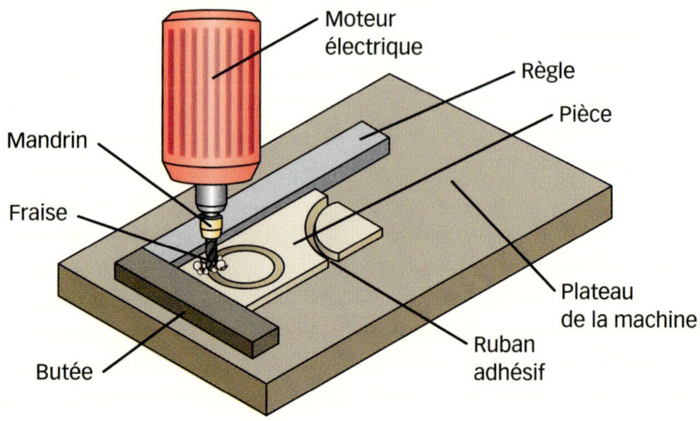

Fraiseuse à commande numérique

doc. 3 Pièces fabriquées par prototypage rapide

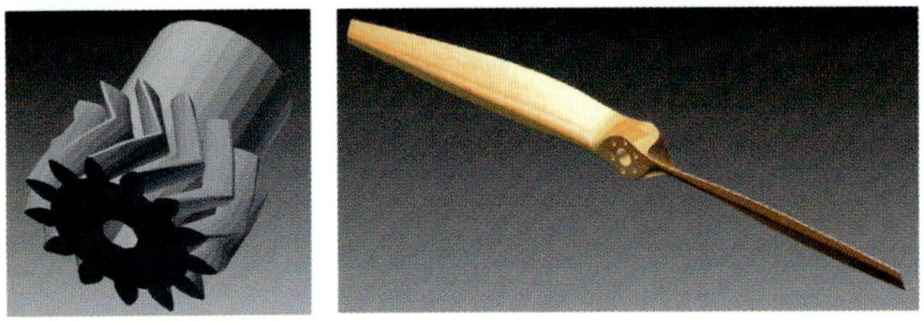

Pièces imprimées

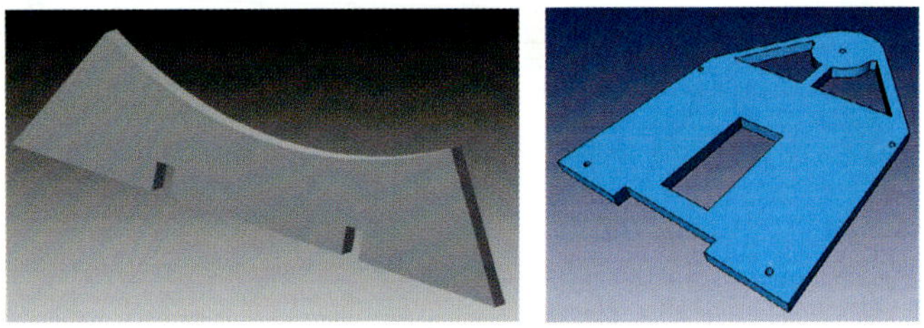

Pièces usinées

doc. 4 Caractéristiques de deux machines de prototypage

Caractéristiques	Imprimante 3D Up Plus 2	Fraiseuse Charly 4U
Durée de réalisation	De 15 min à plusieurs heures	De 2 à 10 min
Longueur et largeur maximales (axes X et Y)	De 100 à 250 mm	De 200 à 300 mm
Précision selon les axes X et Y	0,08 mm	0,02 mm
Hauteur maximale de la pièce (axe Z)	De 100 à 250 mm	Plaques de 1 à 20 mm
Précision selon l'axe Z	Couches de 0,15 à 0,4 mm	0,02 mm
Formats de fichier nécessaire	STL	GRL : CharlyGraal ISO (général)
Rebus (matière jetée)	Entre 10 et 20 %	Entre 20 et 80 %

doc. 5 Téléversement du programme dans le microcontrôleur du drone

Le prototype piloté virtuellement est équipé d'un microcontrôleur. Il faut téléverser le programme de pilotage dans le microcontrôleur.

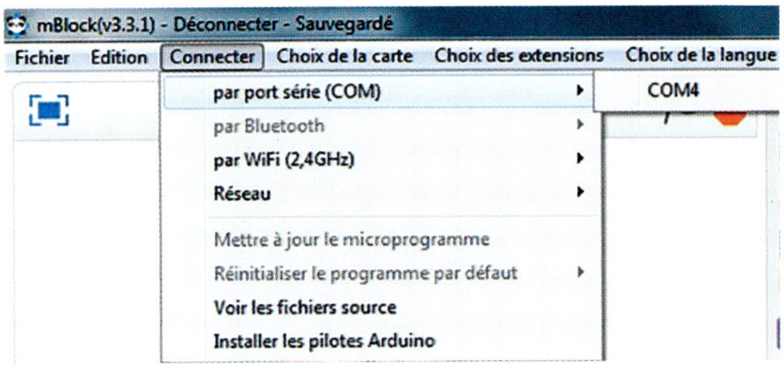

Paramètres de connexion proposés par le logiciel de programmation

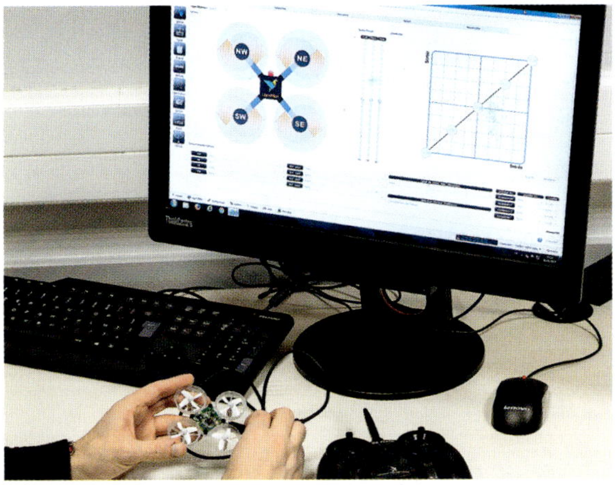

Connexion réalisée avec un câble USB par port série (COM)

J'analyse la situation

1. Relevez les dimensions maximales du support de caméra à réaliser (doc. 1).
2. Repérez la machine de prototypage qui réalise les pièces :
   - en ajoutant de la matière ;
   - en enlevant de la matière (docs 2 et 3).
3. Identifiez la machine qui a la meilleure précision selon les axes X et Y (doc. 4).
4. Relevez le principal danger de l'imprimante 3D pour l'utilisateur (➤ Ressource, p. 125).
5. Indiquez le type de connexion utilisé pour téléverser le programme de l'ordinateur à la carte du microcontrôleur (doc. 5).

Comment réaliser le prototype d'un dispositif vidéo pour un drone ?

Méthode 1 Choisir le procédé de prototypage

- Le procédé de prototypage consiste soit en un ajout de matière avec une imprimante 3D, soit en un enlèvement de matière avec une fraiseuse à commande numérique.
- Pour choisir le procédé, il faut vérifier que les caractéristiques de la machine (capacité, forme, temps d'usinage, précision…) correspondent à la pièce à fabriquer.

Démarche

Étape 1 Vérifier les dimensions maximales de la pièce à réaliser.

Étape 2 Rechercher la machine dont la précision est la plus adaptée au besoin de la fabrication.

Étape 3 S'assurer que la forme est réalisable. Pour cela, comparer cette forme à celles déjà réalisées.

Application au support de caméra

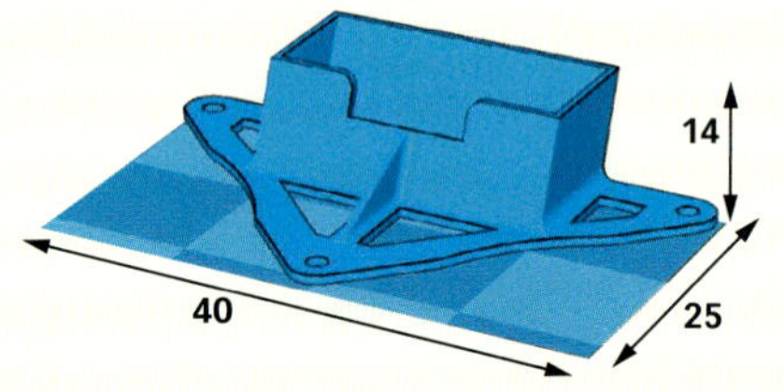

	Validation du choix en fonction des caractéristiques de la machine de prototypage	
	Imprimante 3D	Fraiseuse CN
❶ **Dimensions** : 40 × 25 × 14 mm	☑	☑
❷ **Précision** : 0,2 mm	☑	☑
❸ **Forme** : complexe en trois dimensions	☑	☐

Le procédé de prototypage choisi sera l'imprimante 3D.

Méthode 2 Repérer les règles de sécurité

L'utilisation d'une machine présente des dangers pour l'utilisateur. Une fiche de procédure précise toutes les étapes d'utilisation et les règles de sécurité.

Démarche

Étape 1 Lire la fiche procédure de la machine de prototypage.

Étape 2 Repérer les symboles et les termes faisant référence à la sécurité.

Application pour une imprimante 3D

1

Fiche procédure	IMPRIMANTE 3D UP Plus 2

Utilisation

1. Placer le plateau d'impression et allumer la machine
2. Lancer le logiciel « UP »
3. Ouvrir le fichier de la pièce à imprimer
4. Initialiser la machine
5. Vérifier les paramètres d'impression en faisant un aperçu
6. Lancer l'impression
7. Sortir le plateau d'impression et décrocher la pièce

2

⚠
- Ne laisser aucun objet sur la surface de travail
- Ne pas tenter de stopper le travail en cours en ouvrant le capot ou en bloquant les parties mobiles
- Mettre des gants pour retirer la pièce
- **Ne jamais toucher la buse d'extrusion à main nue, la température peut atteindre 280 °C**

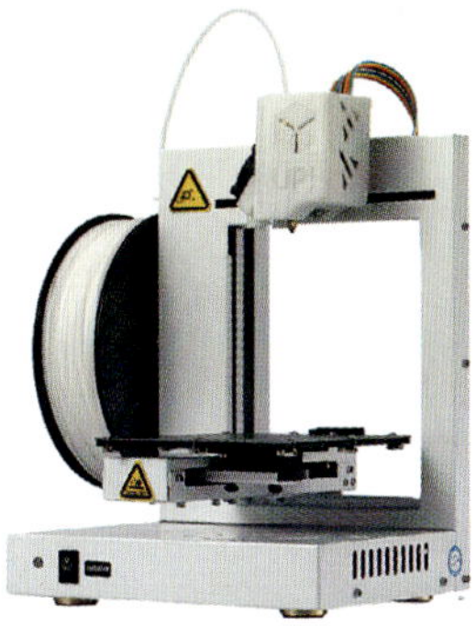

Méthode 3 Vérifier un fonctionnement d'un objet

Pour vérifier le fonctionnement d'un système programmable, il faut exécuter et tester le programme en l'implantant dans le système. Pour cela, on utilise les fonctions de connexion et de téléversement du logiciel fourni avec le système.

Démarche

Étape 1 Connecter l'ordinateur à la carte programmable.

Étape 2 Lancer le téléversement depuis le logiciel de programmation.

Étape 3 Démarrer le circuit de commande pour tester le fonctionnement de l'objet.

Application au câblage des éléments du drone

1

Câble USB

2

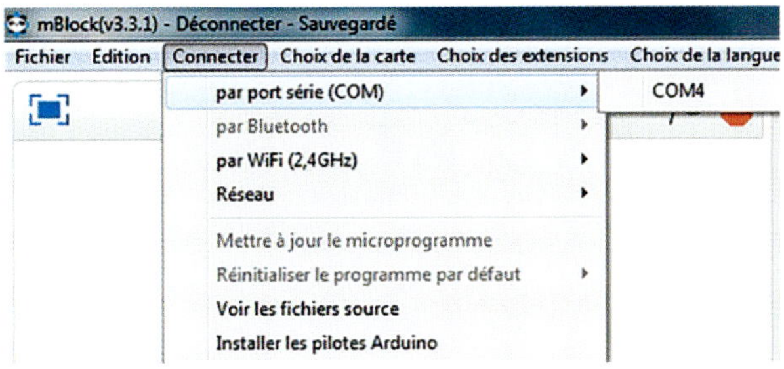

Téléversement

3

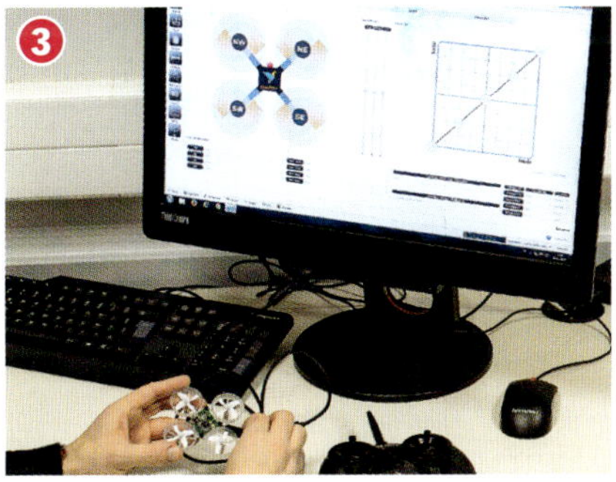

Mise sous tension et test

Je vérifie que j'ai bien compris la méthode

1 Démontrez que les capacités des machines de prototypage conviennent (doc. 4, p. 45). ▸ Méthode 1

2 Repérez les deux parties de l'imprimante 3D qui présentent un danger pour l'utilisateur. ▸ Méthode 2

3 Indiquez le choix de connexion à faire depuis l'écran du logiciel pour permettre le téléversement du programme avec un câble USB. ▸ Méthode 3

Mini-projet

L'hélice de votre drone est cassée (doc. 3). Par groupe, réalisez le prototype de l'hélice en appliquant les **méthodes 1** et **2** pour la réparer.

APPRENDRE

Je retiens

Le prototypage d'une structure

Un **procédé de prototypage** est choisi en fonction de la forme et des dimensions de la pièce à réaliser. Le choix prend en compte : le temps de fabrication, la résistance des pièces et la précision.

On distingue deux moyens de prototypage rapide :
- par **ajout de matière** (imprimante 3D) ;
- par **enlèvement de matière** (fraiseuse à commande numérique).

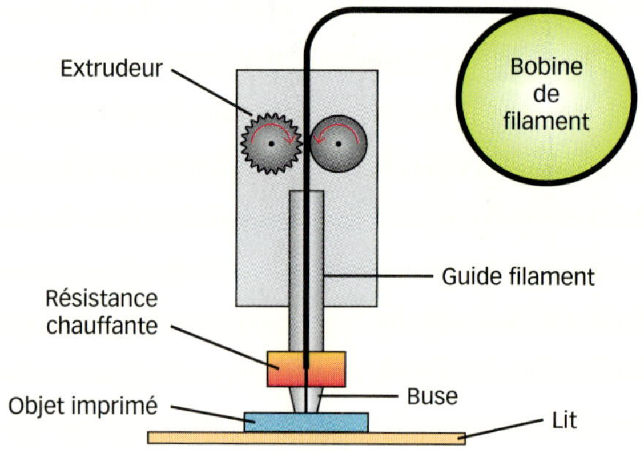

Le prototypage d'un circuit de commande

Pour implanter un programme dans le circuit de commande, on le téléverse vers la carte microcontrôleur.

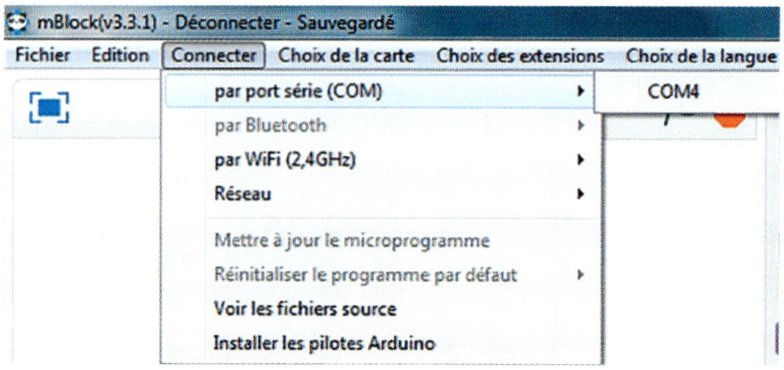

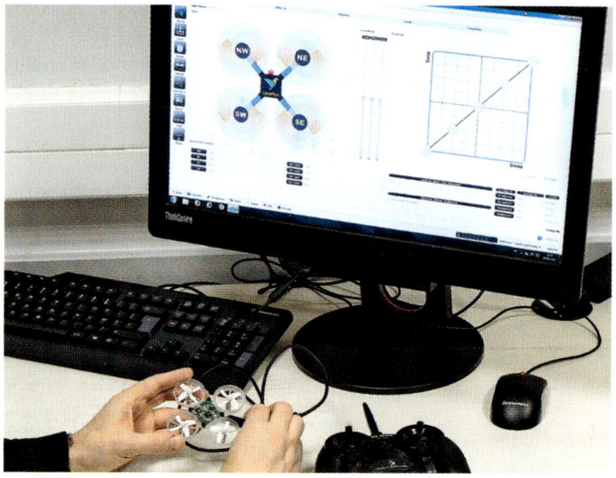

Organiser, réaliser et valider le prototypage

L'utilisation de machines de prototypage doit respecter un **protocole** de réalisation :
- positionnement du plateau d'impression ou fixation de la pièce brute ;
- fermeture du capot de protection ;
- initialisation (prise d'origine) puis lancement de la fabrication ;
- suivi du déroulement et enlèvement de la pièce.

Il est obligatoire de respecter les **règles de sécurité** pour éviter les coupures, les brulures et les projections.

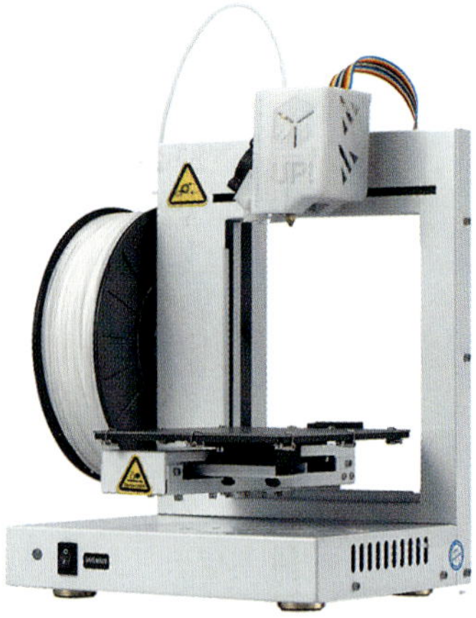

Je sais faire

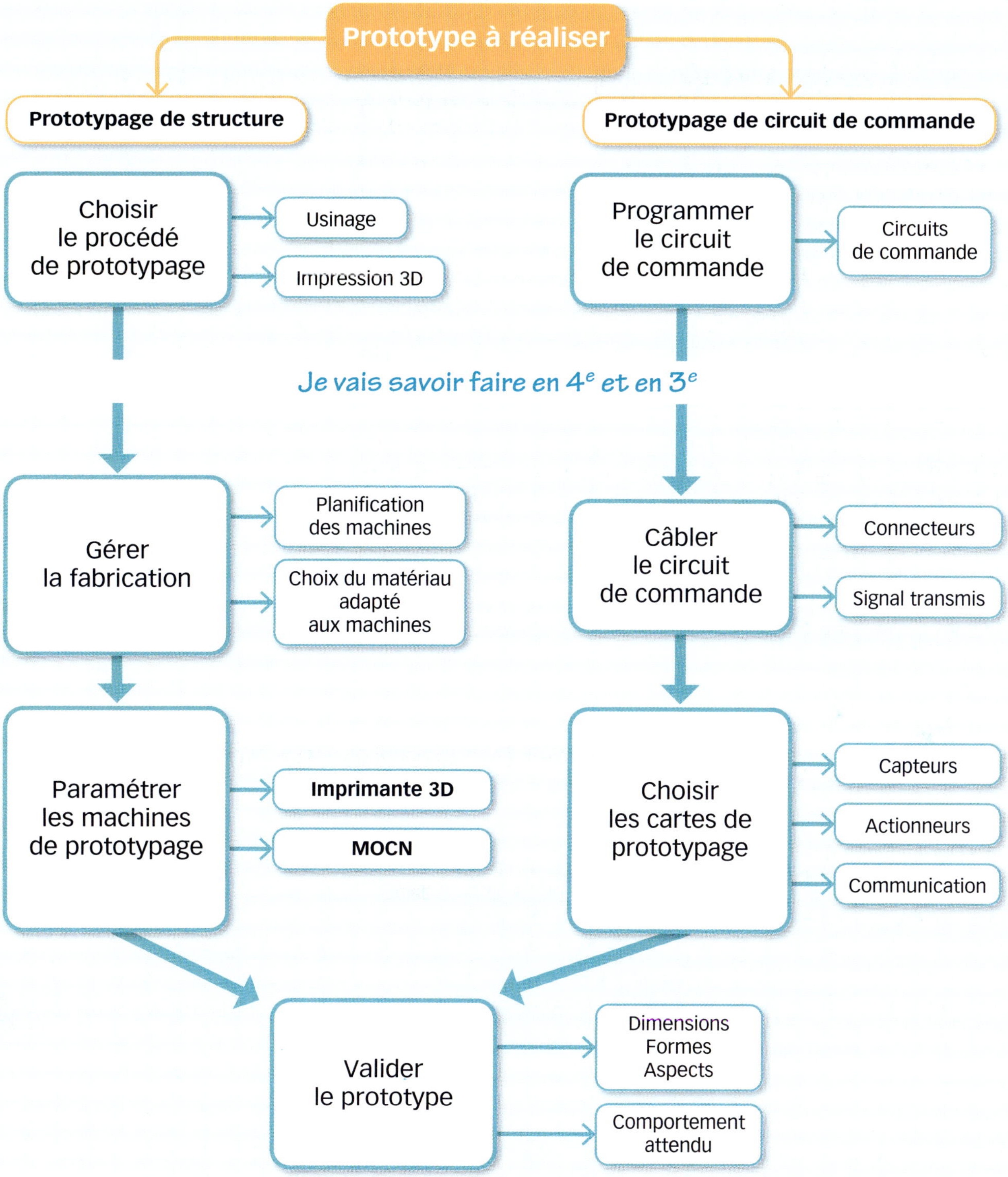

J'ai appris à

	😕	😁
Réaliser, de manière collaborative, le prototype d'un objet pour valider une solution		
Piloter un système connecté localement à distance		

S'ENTRAINER

COMPÉTENCES TRAVAILLÉES
- Réaliser, de manière collaborative, le prototype de tout ou partie d'un objet pour valider une solution (ex. 2, 3 et 4).

Je vérifie mes connaissances

lienmini.fr/t130-qcm41

Exercice 1

1. **Les procédés de réalisation des machines de prototypage sont :**
   a. l'enlèvement de matière pour la fraiseuse et l'ajout de matière pour l'imprimante 3D.
   b. l'enlèvement de matière pour l'imprimante 3D et l'ajout de matière pour la fraiseuse.
   c. l'enlèvement de matière pour la fraiseuse et la soudure pour l'imprimante 3D.

2. **Le choix d'une machine de prototypage rapide est fait en fonction :**
   a. des formes et de la couleur de la pièce à réaliser.
   b. des formes et des dimensions de la pièce à réaliser.
   c. des dimensions et de la masse de la pièce à réaliser.

3. **Les critères qui interviennent dans le choix d'une machine de prototypage sont :**
   a. le nombre d'opérateurs disponibles.
   b. le logiciel de modélisation et le format du fichier.
   c. le temps de réalisation et la précision.

4. **Pour programmer un microcontrôleur, il faut :**
   a. que la carte programmable soit connectée à l'ordinateur en permanence.
   b. que la carte programmable soit en veille.
   c. que la carte programmable soit connectée à l'ordinateur au moment de téléverser.

5. **Pour réaliser une fabrication à l'aide d'une machine de prototypage, il faut :**
   a. suivre un protocole de réalisation.
   b. suivre un protocole de test.
   c. suivre un programme.

6. **Pour utiliser une machine de prototypage rapide sans danger, il faut :**
   a. respecter une distance de sécurité.
   b. respecter les règles de sécurité.
   c. appeler le professeur dès que la machine se met en mouvement.

J'utilise mes compétences

Exercice 2 Réaliser une pièce pour une maquette

1. Identifiez les parties de l'imprimante les plus dangereuses.
2. Expliquez le principe de fonctionnement d'une imprimante.

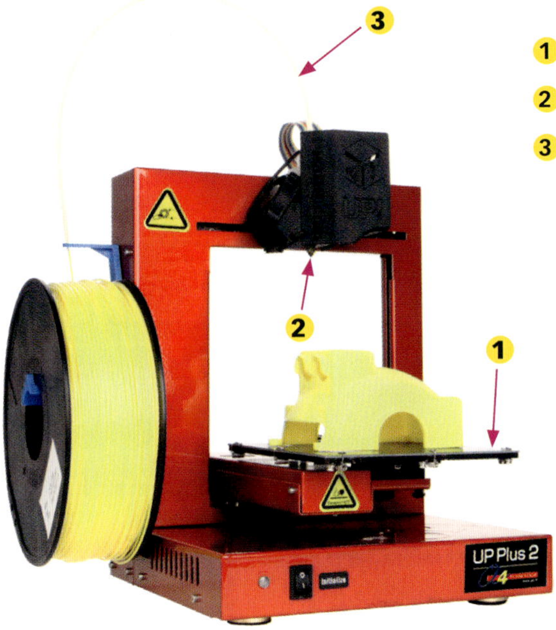

1 Plateau chauffant
2 Buse
3 Filament

Exercice 3 Réaliser une pièce pour un avion

Un fabricant de pièces d'avion utilise une imprimante 3D.
Grâce à elle, il imagine de nouvelles formes pour alléger le poids de l'avion.

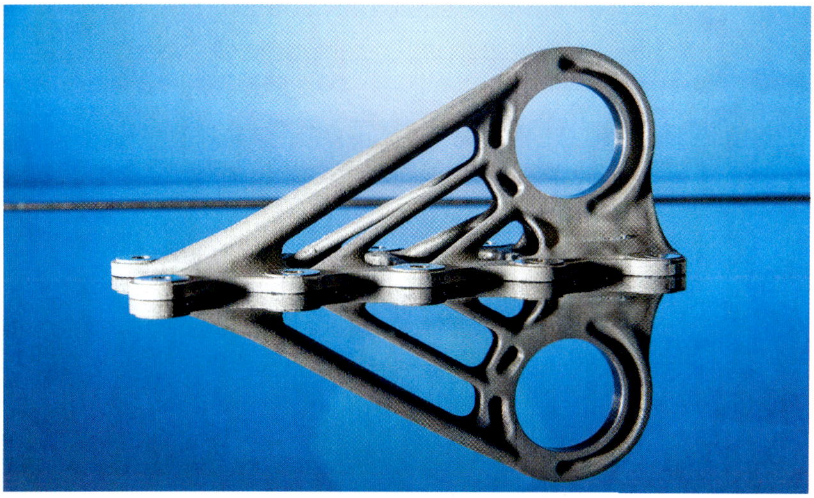

Prototype réalisé pour la pièce d'avion (impression 3D)

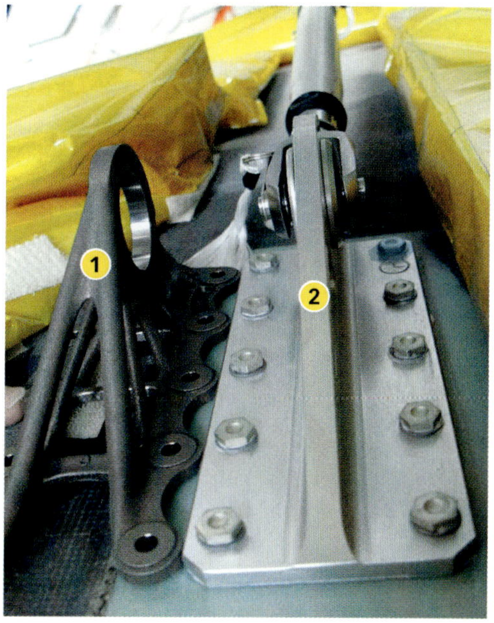

1 Nouvelle forme et 2 ancienne forme

Critères	Avec une imprimante 3D	Avec une fraiseuse
Durée de réalisation	12 h	9 h
Résistance	Bonne	Très bonne
Précision	0,05 mm	0,01 mm
Masse	900 g	1 600 g
Cout matière	300 €	350 €

Comparaison entre les deux procédés de réalisation

1. Indiquez la propriété recherchée par le fabricant d'avion pour concevoir des pièces.
2. Repérez dans le tableau le critère qui a entrainé le choix de l'imprimante 3D.
3. D'après le tableau, indiquez quelle machine présente la meilleure précision.

Exercice 4 Réaliser les pièces d'un robot

Le Loupiot est un petit robot ludique pour apprendre la programmation.

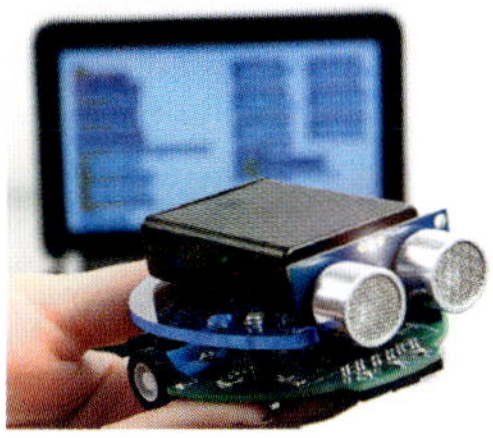

Le robot

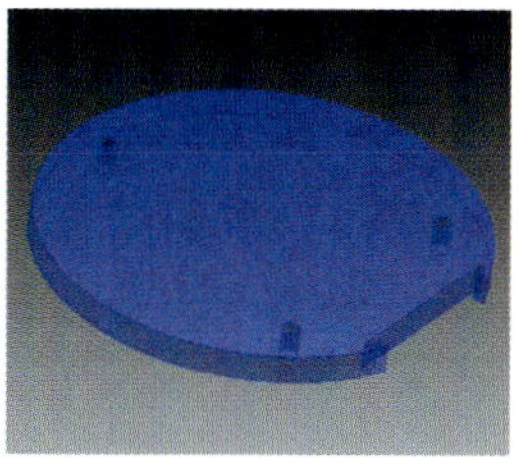

Le châssis

Une nouvelle coque

1. Repérez les différences entre le châssis et la coque du robot. Choisissez une méthode de prototypage.
2. Indiquez la machine à utiliser pour réaliser chacune de ces pièces (➤ Ressource, pp. 125-126).

Tâche complexe

Une mini-serre automatisée

VOTRE MISSION

Marc travaille dans une entreprise qui réalise des mini-serres pour balcons. Il travaille sur une nouvelle version capable d'entretenir les plantes en l'absence des utilisateurs.

POUR RÉUSSIR

- Je choisis la machine de prototypage pour chacune des pièces à réaliser.
- Je résume la procédure à suivre et les règles de sécurité à respecter pour chacune des machines (➤ Ressource, pp. 125-126).
- Je rédige la démarche d'implantation du programme dans le microcontrôleur de la carte programmable.

VOS RESSOURCES

doc. 1 Le pignon et la crémaillère

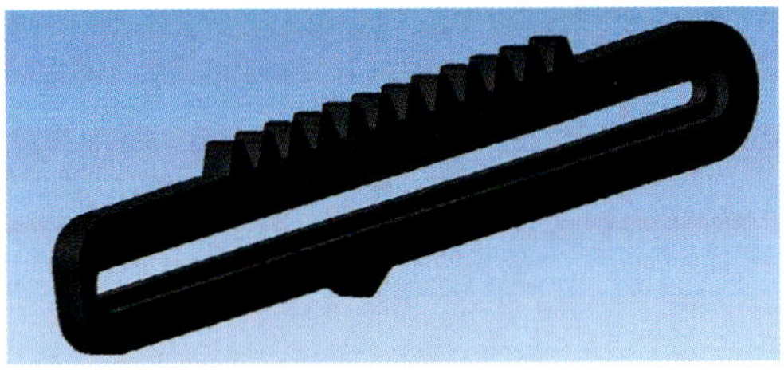

Crémaillère

Pignon

doc. 2 La base et le capot du capteur d'humidité

Base du capteur d'humidité

Capot du capteur d'humidité

doc. 3 Paramètres de téléversement du programme

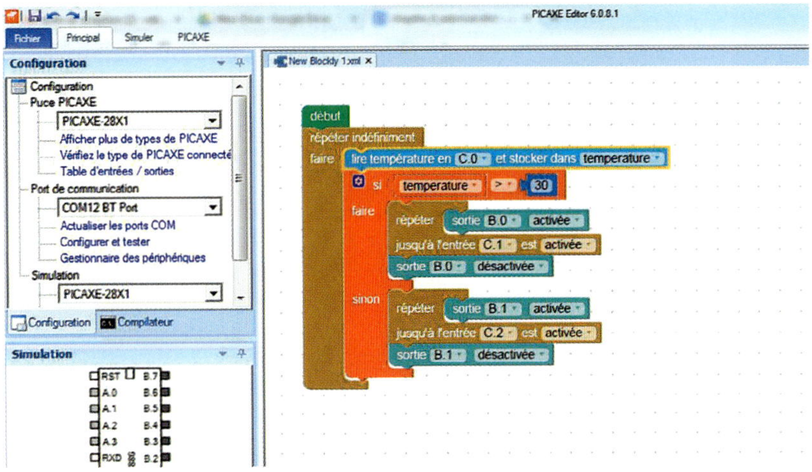

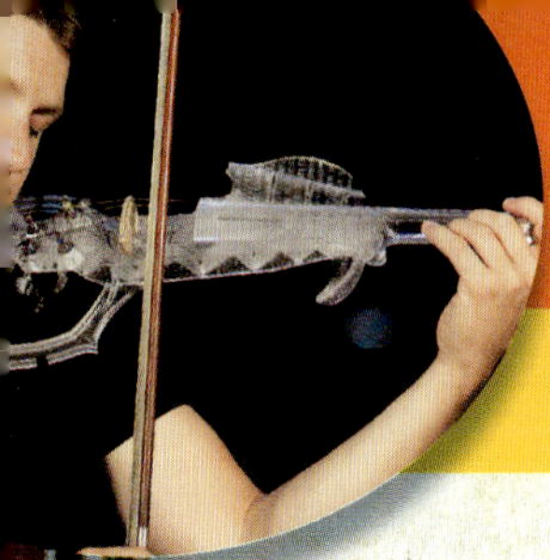

THÈME 2

Les objets techniques, les services et les changements induits dans la société

chapitre 5

Les inventions et les innovations technologiques

Comment la maitrise de l'énergie a permis le développement des activités humaines ?

Dans ce chapitre, vous allez apprendre à :

Vous situer dans l'espace et dans le temps (Domaine 5 du socle)

- Regrouper des objets en familles et lignées.
- Relier les évolutions technologiques aux inventions et innovations qui marquent des ruptures dans les solutions techniques.

OBSERVER

COMPÉTENCES ASSOCIÉES
- Regrouper des objets en familles et lignées.
- Relier les évolutions technologiques à des inventions ou innovations.

Quelles sont les sources d'énergie pour actionner un moulin ?

Situation Les céréales sont une des bases de l'alimentation humaine. L'opération de broyage des grains pour produire de la farine nécessite beaucoup d'énergie. Cette opération, à l'origine manuelle, a été remplacée par le travail des machines dès l'Antiquité.

Vous devez faire un bref exposé sur l'évolution des formes d'énergie utilisées dans les moulins de la fin de l'Antiquité (IIe siècle av. J.-C.) à la fin du Moyen Âge.

Problème Comment représenter l'évolution des techniques et de l'énergie utilisées pour obtenir de la farine ?

doc. 1 Moulin nordique (dit « grec »), Ier siècle av. J.-C.

Principe : ce moulin est actionné par une roue à aubes. Ce système a été inventé par les ingénieurs grecs vers – 200 av. J.-C. pour élever de l'eau (noria). L'utilisation de la roue à aubes pour actionner un moulin à farine constitue une innovation.

Invention
Création d'un objet, d'un dispositif, d'une méthode, d'un procédé qui n'existait pas.

Innovation
Introduction d'une nouveauté dans la conception ou la fabrication d'un objet technique.

Le grain est introduit dans la trémie 1.
La roue 2 entraine la meule 3 sans dispositif intermédiaire. En tirant sur la poutre 4, la roue s'élève hors de l'eau et arrête le moulin.

doc. 2 Moulin romain, IIIe siècle ap. J.-C.

Moulins utilisés du IIe siècle av. J.-C. jusqu'au Ve siècle, mus par des chevaux.

Principe : ces moulins fonctionnent grâce à l'énergie musculaire fournie par le cheval attelé à la charpente 1. Les grains tombent de l'auget 4 et sont broyés entre la meule tournante 2 et la meule fixe 3.

doc. 3 Moulin perse, VIIe siècle

Principe : l'axe du moulin est vertical. Le vent fait tourner les pales 1 qui entrainent directement l'axe 2 et la meule tournante 3 sans engrenage intermédiaire.

Connu en Perse au VIIe siècle, le moulin à vent n'est introduit en Occident qu'au XIIe siècle.

doc. 4 Moulin pivot de Collioure, XIVe siècle

Le toit du moulin de Collioure pivote pour placer ses ailes face au vent dominant.

doc. 5 Moulins sur la Seine, Paris, XIVe siècle

Principe : l'énergie mécanique, d'origine hydraulique, est captée par les roues à aubes 1 qui transmettent leur mouvement de rotation aux meules 2 par un système d'engrenages.

Principe technique
Ensemble des transformations d'énergie et d'information mis en œuvre dans un objet technique afin qu'il remplisse les fonctions pour lesquelles il a été conçu.

J'analyse la situation

1. Précisez le besoin auquel répond l'ensemble des objets techniques présentés (docs 1 à 5).
2. Nommez les matériaux que vous reconnaissez sur ces documents.
3. Listez les sources d'énergie utilisées par les moulins. Nommez la seule source d'énergie probante.
4. Notez les innovations (énergie…) correspondant à ces modèles de moulins.

Quelles sont les sources d'énergie pour actionner un moulin ?

Méthode 1 Représenter des lignées d'objets techniques

- Un ensemble d'objets techniques qui répond au même besoin forme une **famille**. Une **lignée d'objets** regroupe les objets d'une même famille qui sont construits selon le même principe technique.
- Une **frise chronologique** permet de différencier des lignées d'objets au sein d'une même famille et de les situer dans le temps.

Démarche

Étape 1 Regrouper les objets d'une même famille selon un même principe technique (fonctionnement, transformation d'énergie, mode de commande…) pour former des lignées.

Étape 2 Déterminer la durée de chaque lignée.

Étape 3 Tracer l'axe du temps correspondant à la période étudiée.

Étape 4 Tracer les lignées et leur donner un nom.

Étape 5 Reporter les objets étudiés dans un cartouche (« bulle » ou « rectangle ») au-dessus des lignées d'objets. Indiquer leur nom, la date, la région, la caractéristique technique…

Conseil
Vous pouvez réaliser le tracé de la frise (étapes 3 à 5) à l'aide d'un logiciel spécialisé.

Application à l'évolution des moulins

lienmini.fr/t130-tutofrise
tutoriel Frise Chronos

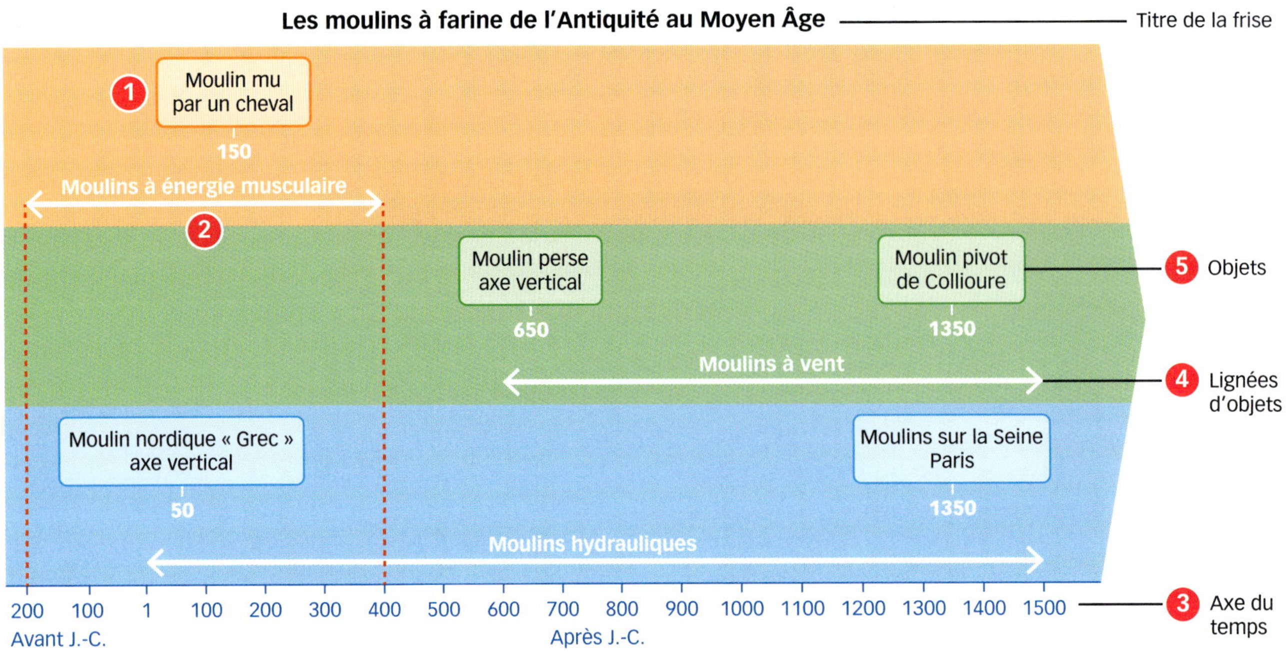

Méthode 2 Repérer des inventions ou des innovations

- Les lignées d'objets apparaissent ou disparaissent pour différentes raisons : découvertes scientifiques, nouveaux matériaux, **inventions techniques**, nouvelles sources d'énergie, évènement social…
- Une recherche documentaire permet d'enrichir la frise. On peut y ajouter en effet des explications sur l'évolution des techniques.

Démarche

Étape 1 Se documenter dans la presse ou sur Internet sur l'évolution des techniques. (➤ Ressource, p. 113-115)

Étape 2 Sélectionner les informations qui apportent un éclairage sur l'évolution des solutions techniques étudiées (matériaux, énergie, découvertes scientifiques…).

Étape 3 Reporter l'information dans un cartouche sous la frise chronologique.

Conseil
Mettez bien en relation une invention ou une innovation avec ce qui a été modifié dans le principe technique pour expliquer l'apparition ou la disparition d'une lignée d'objets.

Application à l'évolution des moulins

1

2 **Principe** : la roue à axe vertical entraine la meule.

Les roues à aubes pour élever de l'eau (noria) ont été **inventées par des ingénieurs grecs vers – 200 av. J.-C.**

Moulin nordique, dit « grec »

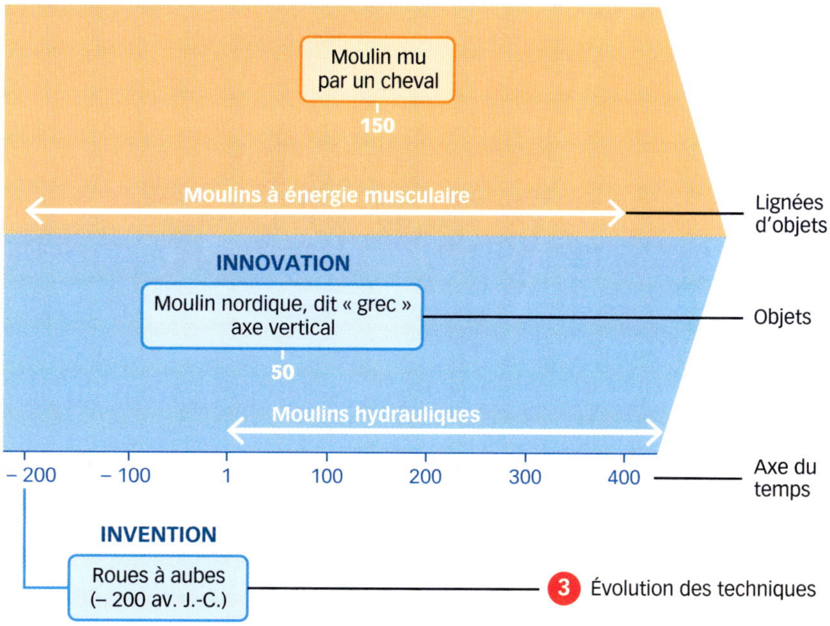

Frise chronologique enrichie

Je vérifie que j'ai bien compris la méthode

1. Indiquez la famille des objets étudiés. Selon quel principe les lignées ont-elles été constituées ? ▸ Méthode 1
2. Relevez à partir de quel document des pages Observer a été déterminée la durée de la lignée des moulins à énergie musculaire. ▸ Méthode 1
3. Déterminez en quoi l'invention de la roue à aubes intervient dans l'évolution des moulins. ▸ Méthode 2

Mini-projet

Par groupe, recherchez deux moulins à farine entre le XIVe siècle et aujourd'hui. Après avoir mutualisé vos recherches, prolongez la frise chronologique de la **méthode 1**.

Je retiens

Familles et lignées d'objets techniques

Une **famille d'objets** désigne des objets techniques qui répondent au même besoin (usage).

Une **lignée d'objets** désigne une chronologie d'objets ou de systèmes qui fonctionnent sur le même **principe technique** et appartiennent à la même famille.

Évolution des principes techniques

L'évolution des objets au cours du temps comporte plusieurs étapes.

La **mécanisation** est un principe technique qui utilise une source d'énergie (musculaire, électrique, solaire, éolienne…) pour produire l'effet attendu grâce à une **chaine d'énergie**. Les machines permettent de soulager les utilisateurs d'efforts physiques importants ou répétitifs.

Grue à cage d'écureuil

Évolution des structures et de l'esthétique

Les **matériaux naturels**, notamment le bois et la pierre, sont principalement utilisés jusqu'au XVIIe siècle. Depuis le XIXe siècle, le métal, devenu économiquement accessibles, remplace progressivement le bois.

Les **matières plastiques synthétiques** sont de plus en plus utilisées depuis le début du XXe siècle.

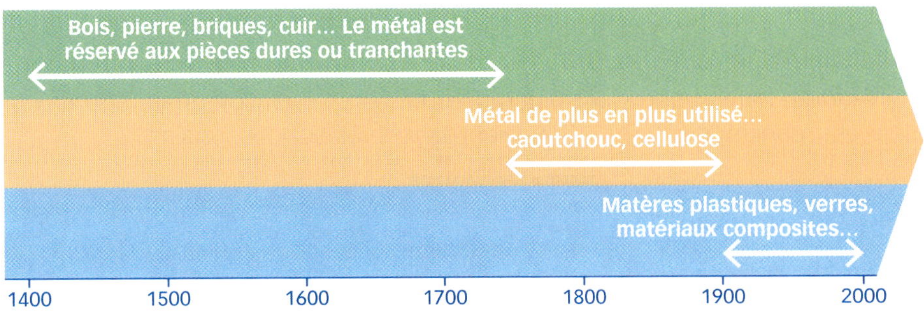

Évolutions des matières et des matériaux

Définitions

Source d'énergie
Phénomène physique ou chimique naturel duquel il est possible d'exploiter l'énergie.

L'évolution des objets
On peut caractériser l'évolution des objets par différents stades :
- objets mécanisés ;
- objets automatisés ;
- objets connectés.

Grâce à ces évolutions, l'usage des objets est modifié, ainsi que leur impact sur leur environnement et leurs relations aux utilisateurs.

Je sais faire

Documentation sur la famille d'objets étudiés

Objets techniques d'une même famille

→ Regrouper les objets en lignées selon un même principe technique

Documentation sur l'évolution des sciences et techniques

Moteur de recherche Web

→ Repérer les innovations et les inventions liées à l'évolution des objets

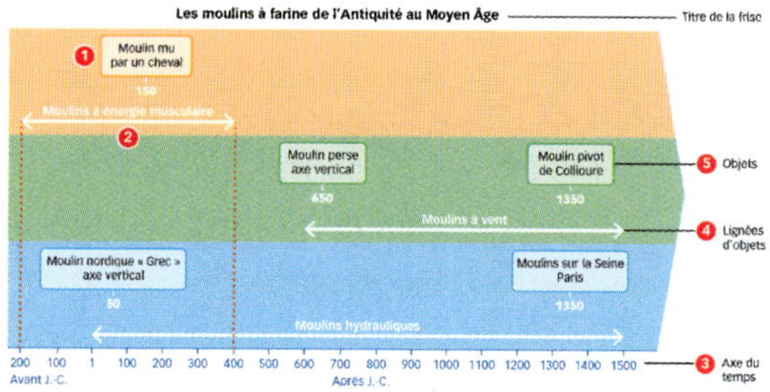

Frise chronologique

Je vais savoir faire en 4e et en 3e

Situer le degré d'évolution des solutions et dégager un principe technique

Justifier les ruptures technologiques retenues

J'ai appris à

	😐	😁
Regrouper des objets en familles et lignées.		
Relier les évolutions technologiques aux inventions et innovations qui marquent des ruptures dans les solutions techniques.		

S'ENTRAINER

COMPÉTENCES TRAVAILLÉES
- Regrouper des objets en familles et lignées (ex. 3 et 4).
- Relier les évolutions technologiques aux inventions et innovations qui marquent des ruptures dans les solutions techniques (ex. 2 et 5).

Je vérifie mes connaissances

lienmini.fr/t130-qcm51

Exercice 1

1. Une famille d'objets techniques désigne un ensemble d'objets :

a. répondant à un même besoin.

b. construits obligatoirement selon le même principe technique.

c. vendus dans un même type de magasin.

2. Une lignée d'objets techniques désigne un ensemble d'objets :

a. répondant à différents besoins et construits selon un même principe.

b. répondant à un même besoin et construits selon un même principe.

c. construits à partir des mêmes éléments ou composants.

3. Une invention technique désigne :

a. la conception d'un nouveau modèle d'un objet technique connu.

b. l'amélioration d'un objet.

c. la création d'un objet, d'un dispositif ou d'un procédé qui n'existait pas.

4. La frise chronologique d'une famille d'objets permet de :

a. situer dans le temps des évènements historiques.

b. situer dans le temps des lignées d'objets de cette famille.

c. définir les composants d'un objet.

5. Les lignées d'objets apparaissent ou disparaissent :

a. par décision de l'académie des technologies.

b. en raison de découvertes scientifiques, d'inventions techniques, de nouvelles sources d'énergie ou de nouveaux usages.

c. sans raison connue.

6. L'innovation technologique désigne :

a. l'introduction d'une nouveauté dans la conception ou la fabrication d'un objet technique.

b. la création d'un objet jusque là inconnu.

c. la possibilité d'acquérir un nouvel objet.

J'utilise mes compétences

Exercice 2 La mécanisation du fouet manuel

a. Fouet à main
L'utilisateur donne le mouvement au fouet pour incorporer de l'air à la préparation culinaire.

b. Batteur manuel (1900)
L'utilisateur tourne la manivelle qui entraine, grâce à des engrenages, les deux fouets en rotation.

c. Batteur électrique (1957)
L'appareil est branché sur le réseau électrique. Le moteur électrique entraine, grâce à des engrenages, les deux fouets en rotation.

1. Indiquez la fonction d'usage d'un fouet à main (a.).
2. Relevez les sources d'énergie des deux batteurs (b. et c.).
3. Expliquez la différence d'utilisation entre le fouet et le batteur manuel.
4. Quels objets constituent des inventions techniques ? Quel objet est une innovation technique ? Justifiez vos réponses.

Exercice 3 Trois familles d'objets

Saxophone – Tramway – Trolleybus – Stylo-plume
Autocar – Clarinette – Métro – Violon – Voiture
Guitare – Train – Stylo bille – Stylo feutre – Crayon

1. Classez ces objets en trois familles.
2. Donnez un nom à chaque famille.
3. Proposez une autre famille d'objets en donnant cinq exemples d'objets.

Exercice 4 Traverser l'Atlantique par les airs

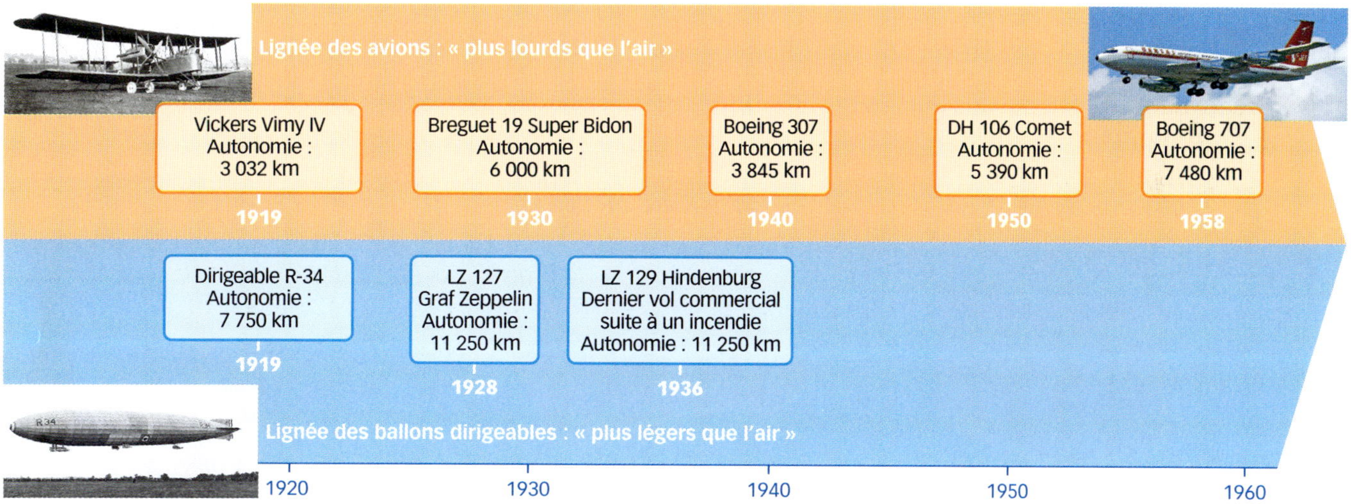

Premiers moyens de transport volants capables de traverser l'Atlantique

1. Notez le nom des deux lignées et expliquez selon quel principe elles ont été constituées.
2. Expliquez pourquoi le niveau de performance relatif à l'autonomie est essentiel pour ces moyens de transport.
3. Indiquez l'évènement qui a mis fin à l'utilisation des ballons dirigeables.

Exercice 5 L'évolution des matériaux de construction

Moulin
Structure en métal comblée par des briques.

Maison à colombage
Structure en bois comblée par un mélange de terre et de paille.

1. Relevez, pour chaque construction, les matériaux utilisés.
2. Sachant qu'un bâtiment date de 1472, l'autre de 1872, attribuez la date qui convient à chacun en justifiant votre réponse (➤ Ressource, pp. 113-115).

Tâche complexe

La photographie : de l'argentique au numérique

VOTRE MISSION

Votre collège organise une exposition sur l'histoire de la photographie. Elle illustrera l'évolution des techniques qui se sont succédé pour faciliter son usage.

Vous devez réaliser une frise chronologique qui montre deux lignées d'objets ayant le même principe technique. Votre frise sera enrichie d'éléments qui ont marqué des ruptures technologiques.

POUR RÉUSSIR

- Je trace une frise chronologique qui montre deux lignées selon le principe technique utilisé pour conserver une image photographique.
- Je nomme chaque lignée en indiquant le principe technique retenu.
- Je place sur la frise les innovations, inventions et découvertes expliquant les ruptures dans les solutions techniques utilisées.

VOS RESSOURCES

doc. 1 Trois appareils photographiques

1888 Kodak (Eastman)

Premier appareil photographique grand public. Technologie argentique : l'image traverse l'objectif et s'imprime sur le film celluloïd recouvert de sel d'argent.

1989 Xapshot (Canon)

Premier appareil grand public équipé d'un capteur photographique. L'image est capturée sous forme d'un signal électrique analogique. Elle est stockée sur une disquette magnétique.

1992 Fotoman (Logitech)

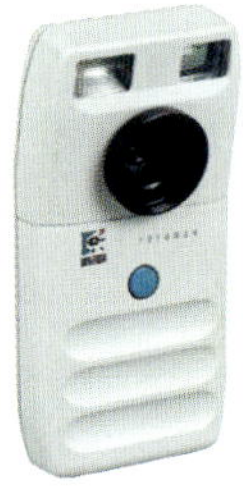

Innovation : les images analogiques, provenant du capteur photographique, sont numérisées et enregistrées sur des mémoires internes. Les photos sont visionnées sur un ordinateur.

doc. 2 Chronologie

- **1802 Sels d'argent**
Wedgwood obtient des images fugitives par l'usage d'une chambre noire et de papier imbibé de nitrate d'argent.
- **1819 Fixateur**
Herschel découvre les propriétés de l'hyposulfite de sodium comme fixateur des photographies.
- **1826 Photographie**
Niépce invente la photographie.
- **1839 Daguerréotypes**
Daguerre propose un procédé permettant d'afficher des photographies de façon permanente.
- **1856 Celluloïd**
Première matière plastique artificielle.
- **1885 Film photographique**
Eastman invente le film photographique sur une bande de celluloïd transparent et flexible.
- **1969 Capteur photographique**
Smith et Boyle inventent le capteur photographique.
- **1975 Appareil à capteur photographique**
Sasson invente l'appareil photo numérique.
- **2006 Déclin de la technologie argentique.**

THÈME 2
Les objets techniques, les services et les changements induits dans la société

chapitre 6

L'évolution des objets et leur impact

Quels progrès ont été apportés dans les jeux vidéo ?

Dans ce chapitre, vous allez apprendre à :

Vous approprier des outils et des méthodes
(Domaine 2 du socle)

- Exprimer votre pensée à l'aide d'outils de description adaptés.

Adopter un comportement éthique et responsable
(Domaines 3 et 5 du socle)

- Développer les bonnes pratiques de l'usage des objets communicants.
- Analyser l'impact environnemental d'un objet et de ses constituants.
- Analyser le cycle de vie d'un objet.

OBSERVER

COMPÉTENCES ASSOCIÉES
- Commenter les évolutions fonctionnelles, structurelles et économiques d'un objet.
- Élaborer une synthèse de ces comparaisons.

Comment ont évolué les consoles de jeux vidéo ?

Situation Catherine raconte à Léa, sa petite fille, qu'elle passait de longs moments à jouer aux jeux vidéo quand elle était enfant. Léa lui explique qu'aujourd'hui les consoles de jeux donnent accès à des contenus multimédias, au même titre qu'une tablette, un smartphone ou un ordinateur.

Problème Comment décrire les progrès des consoles de jeux vidéo ? Comment déterminer leur impact environnemental ?

doc. 1 Schéma d'une console actuelle

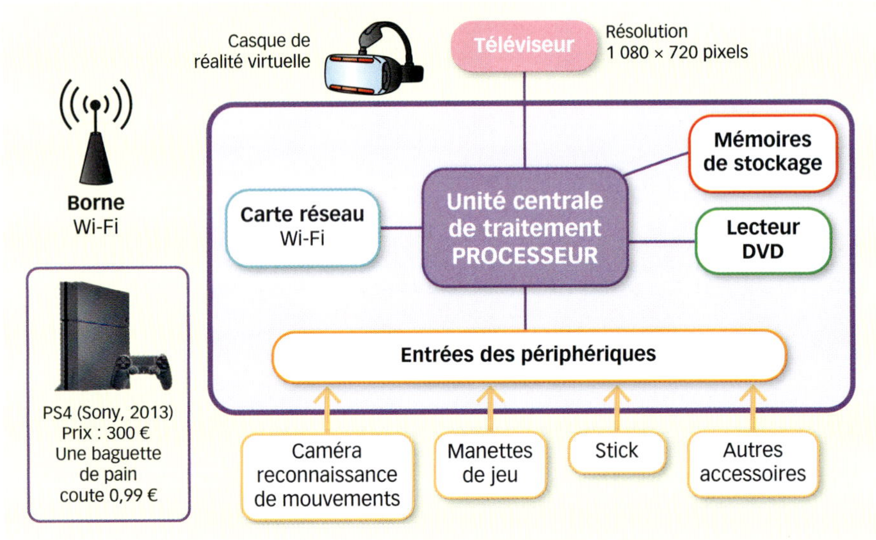

Les consoles de jeux présentent les mêmes blocs fonctionnels qu'un ordinateur mais sont adaptées à leur usage : unité centrale de traitement, périphériques de sortie et d'entrée, périphériques de lecture, de stockage ou d'échange de données.

Périphérique
Dispositif connecté à un ordinateur ou à une console de jeux qui lui ajoute des fonctionnalités (clavier, souris, écran, visiocasque, imprimante, haut-parleur…).

doc. 2 Évolution des consoles de jeux vidéo

lienmini.fr/sp130-odyssey
vidéo de promotion de la console Odyssey

1972 Odyssey (Magnavox)
- Pas de logiciel, pas de mémoire pas d'unité centrale
- Composants électroniques analogiques
- Deux manettes
- **Prix** : 99 euros
- Une baguette de pain coute 0,14 euro.

1998 Dreamcast (Sega)
- Unité centrale
- Carte mémoire externe
- Jeux sur support CD-Rom
- Modem externe pour connexion à un réseau informatique
- **Résolution** : 640 × 480 pixels
- Nombreux accessoires : tapis de danse, canne à pêche…
- **Prix** : 260 euros
- Une baguette de pain coute 0,63 euro.

doc. 3 Cycle de vie d'une console de jeux vidéo

Certaines étapes du cycle de vie de la console consomment beaucoup d'énergie et produisent des rejets polluants notamment du dioxyde de carbone (gaz à effet de serre).

COUP DE POUCE

Reportez-vous à la Ressource, Matériaux, p. 117. Elle indique les possibilités de valorisation des différentes familles de matériaux.

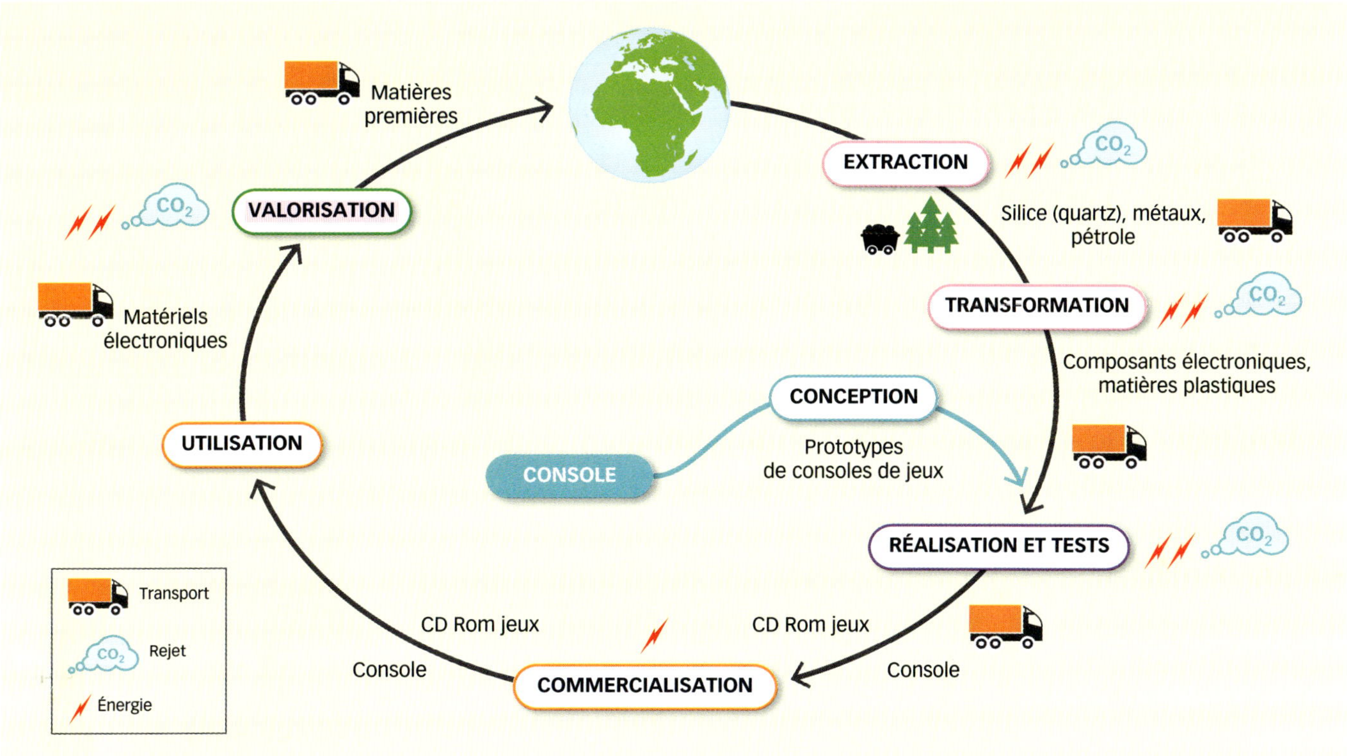

Gaz à effet de serre
Gaz responsables de l'augmentation de la température moyenne de l'atmosphère.

Valorisation
Le fait de donner une valeur aux matériaux des objets usagés par un réemploi, un recyclage ou une incinération pour produire de l'énergie.

doc. 4 Dix conseils de la CNIL pour rester net sur le Web

lienmini.fr/t130-cnil
note de la CNIL

1. Réfléchissez avant de publier.
2. Respectez les autres.
3. Ne dites pas tout.
4. Sécurisez vos comptes.
5. Créez plusieurs adresses e-mail.
6. Attention aux photos et aux vidéos.
7. Utilisez un pseudonyme.
8. Attention aux mots de passe.
9. Faites le ménage dans vos historiques.
10. Vérifiez vos traces.

J'analyse la situation

1. Listez les différents périphériques qui composent une console de jeux vidéo (doc. 1).
2. Relevez les éléments qui montrent l'évolution des moyens de connexion des trois consoles à un réseau informatique (docs 1 et 2).
3. Relevez les étapes propres à la transformation de la matière (doc. 3).
4. Listez, pour chaque conseil de la CNIL, le danger qu'il permet d'éviter (doc. 4).

Comment ont évolué les consoles de jeux vidéo ?

Méthode 1 Montrer les progrès d'un objet

Les utilisateurs bénéficient des progrès des objets techniques. Chaque bloc fonctionnel de l'objet peut évoluer, tout comme ses performances (caractéristiques techniques). Il faut repérer ces évolutions.

Démarche

Étape 1 Déterminer, à partir de la description des objets, l'évolution des blocs fonctionnels et des performances.

Étape 2 Réaliser un schéma des évolutions techniques pour chaque objet.

Étape 3 Indiquez des informations complémentaires significatives de leur performance (résolution, prix…).

Étape 4 Rédiger une synthèse de l'étude.

Application aux consoles de jeux vidéo

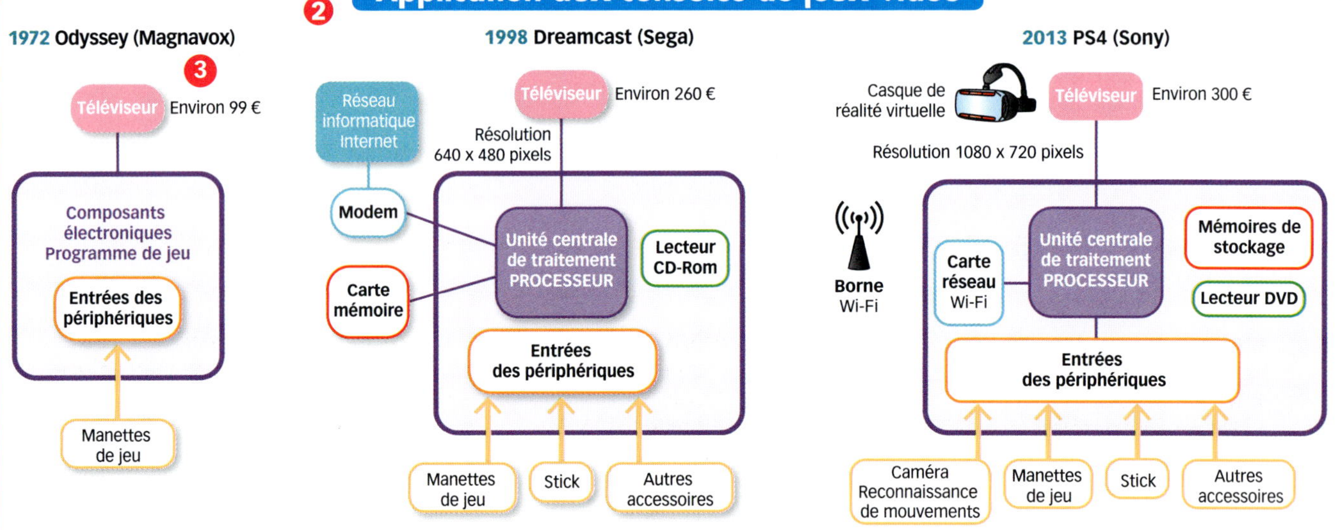

4 Au cours de leur évolution, les consoles ont acquis plus de blocs fonctionnels, dont un accès au réseau Internet, la reconnaissance du mouvement et la réalité augmentée. La résolution de l'image a progressé. Le prix doit être resitué dans le contexte économique de l'époque.

Méthode 2 Lire le cycle de vie d'un objet

Le **cycle de vie d'un objet** est constitué de différentes étapes depuis sa production jusqu'à sa destruction. On le représente grâce à un schéma qui montre l'énergie consommée, le cycle des matières premières et les rejets dans l'environnement.

Démarche

Étape 1 Lister les matières premières nécessaires.

Étape 2 Relever les étapes qui réclament le plus d'énergie, de transports et émettent des rejets polluants.

Étape 3 Déterminer les matériaux recyclables à partir des familles de matériaux (➤ Ressource, Matériaux, p. 117).

Application aux consoles de jeux vidéo

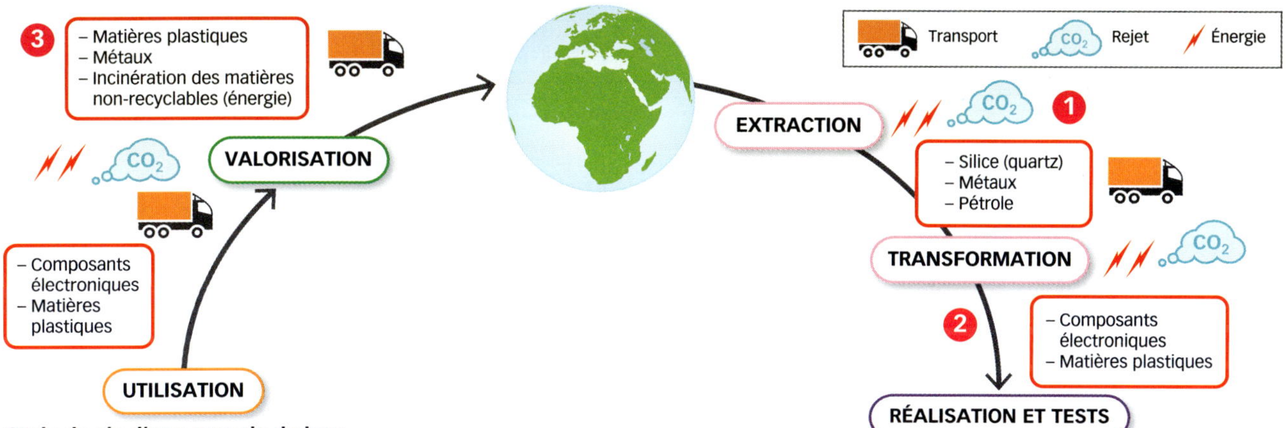

Cycle de vie d'une console de jeux

Méthode 3 Bien utiliser les objets communicants

Lorsqu'on utilise un objet communicant, il est recommandé d'étudier les conseils de la CNIL et d'utiliser ceux qui s'appliquent à l'usage de cet objet.

Démarche

Étape 1 S'informer auprès de la CNIL pour connaitre les dangers des objets connectés et recevoir des conseils d'utilisation.

Étape 2 Analyser la situation d'usage pour définir les points de vigilance.

Étape 3 Déterminer les règles à appliquer.

Objet communicant
Objet technique capable de recevoir et d'envoyer de l'information, donc de communiquer.

Application aux consoles de jeux vidéo connectées

1 Recommandations de la CNIL → **2 Point de vigilance dans la pratique des jeux vidéo** → **3 Règles à adopter**

1 Recommandations de la CNIL

1. Réfléchissez avant de publier.
2. Respectez les autres.
3. Ne dites pas tout.
4. Sécurisez vos comptes.
5. Créez plusieurs adresses e-mail.
6. Attention aux photos et aux vidéos.
7. Utilisez un pseudonyme.
8. Attention aux mots de passe.
9. Faites le ménages dans vos historiques.
10. Vérifiez vos traces.

2 Point de vigilance dans la pratique des jeux vidéo

L'achat de jeux vidéo et les échanges entre joueurs nécessitent de posséder ou de créer une adresse électronique (e-mail).

3 Règles à adopter

- **3 et 4.** Indiquez le minimum d'informations sur vous dans les fiches de renseignements en ligne.
- **5.** Créez une adresse électronique spécifique à la pratique des jeux vidéo.
  7. Utilisez un pseudonyme.
- **8.** Créez un mot de passe spécifique pour les jeux vidéo suffisamment compliqué mélangeant différents types de caratères.

Je vérifie que j'ai bien compris la méthode

1. Expliquez pourquoi l'augmentation de la résolution de l'image constitue un progrès. ▸ Méthode 1
2. Listez les différentes étapes du cycle de vie d'un objet. ▸ Méthode 2
3. Relevez les étapes qui utilisent le plus d'énergie. ▸ Méthode 1
4. Précisez pourquoi certaines recommandations de la CNIL n'ont pas été retenues dans le cas d'une console de jeux ? ▸ Méthode 3

Mini-projet

Par groupe, recherchez des informations sur Internet sur la console hybride Switch de Nitendo (2017). Faites un schéma qui montre les progrès apportés par cette console.

APPRENDRE

Je retiens

L'analyse du cycle de vie

Le cycle de vie montre la consommation d'énergie et de matières premières ainsi que l'émission de rejets plus ou moins polluants, pour chaque étape.

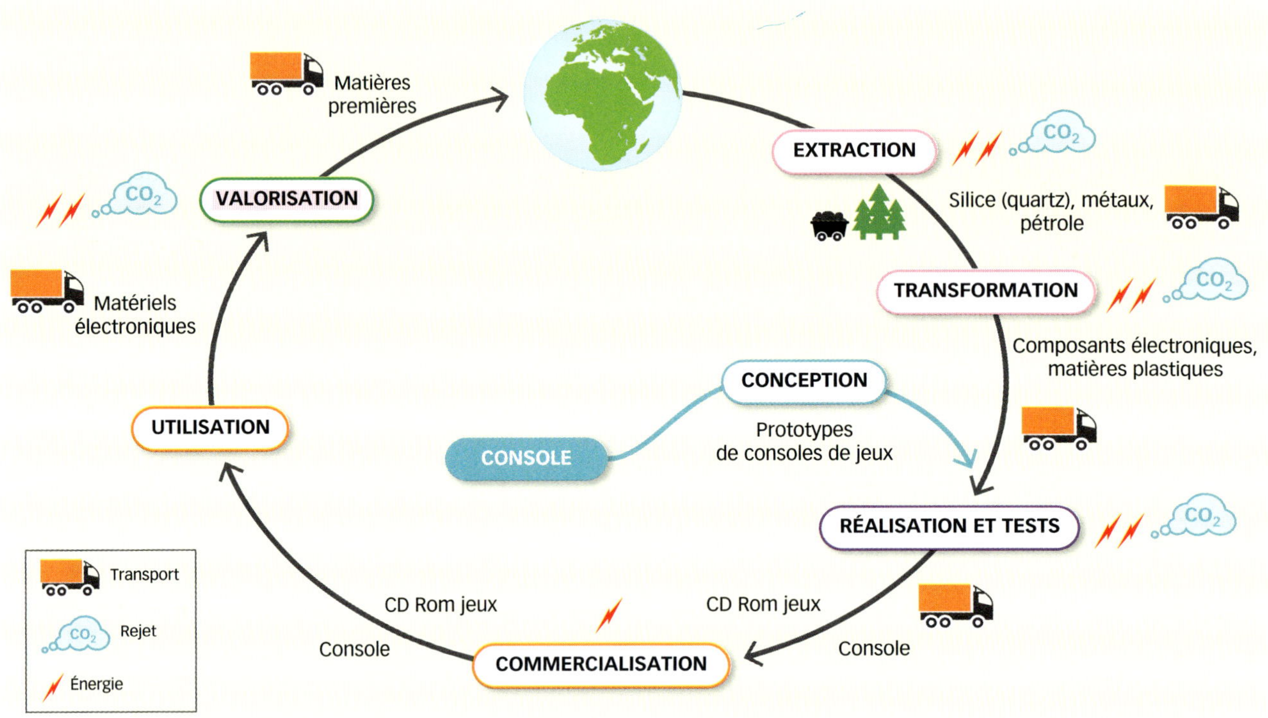

Chaque étape nécessite de l'énergie, des transports et engendre des rejets plus ou moins polluants.

Les points de vue sur l'évolution d'un produit

Du **point de vue de l'utilisateur**, la notion de progrès technique est liée à sa satisfaction. Elle traduit l'évolution des performances des objets techniques d'une même famille dans le service rendu.

Les bons usages des objets communicants

Un usage raisonné des objets communicants conduit à se protéger soi-même par un temps d'utilisation limité, pour éviter les addictions, et une discrétion dans la diffusion de ses **données personnelles**.

Définitions

Cycle de vie
Ensemble des étapes de la vie d'un projet technique.

Je sais faire

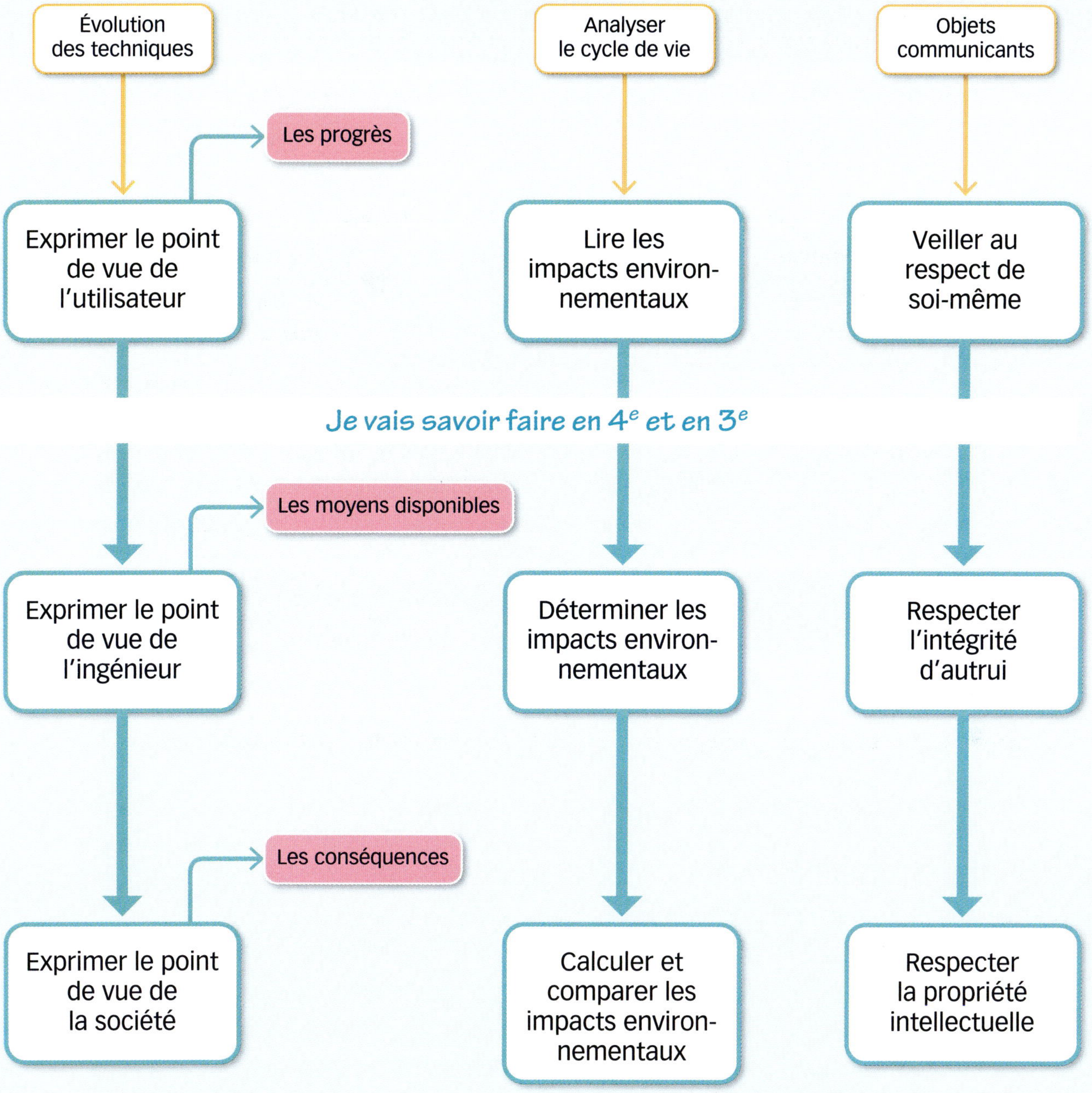

J'ai appris à

	😐	😁
Exprimer ma pensée à l'aide d'outils de description adaptés : croquis, schémas, graphes, diagrammes, tableaux (représentations non normées).		
Développer les bonnes pratiques de l'usage des objets communicants.		
Analyser l'impact environnemental d'un objet et de ses constituants.		
Analyser le cycle de vie d'un objet.		

S'ENTRAINER

COMPÉTENCES TRAVAILLÉES

- Analyser le cycle de vie d'un objet (ex. 3).
- Comparer et commenter les évolutions des objets en articulant différents points de vue (ex. 2 et 4).
- Développer les bonnes pratiques de l'usage des objets communicants (ex. 5).

Je vérifie mes connaissances

lienmini.fr/t130-qcm61

Exercice 1

1. Le cycle de vie d'un objet technique désigne :

a. l'ensemble des étapes de la vie d'un objet technique.

b. l'évolution d'un objet au cours du temps.

c. les étapes de conception d'un produit.

2. Le cycle de vie d'un produit montre qu'à chaque étape il y a :

a. des sources d'énergie différentes.

b. une consommation d'énergie et de matière premières ainsi que l'émission de rejets plus ou moins polluants.

c. des composants et matériaux disponibles.

3. La notion de progrès technique est liée à :

a. la conception continue de nouveaux objets.

b. l'accroissement des ventes de l'objet.

c. la satisfaction de l'utilisateur.

4. Le progrès technique traduit :

a. une dégradation de la qualité des objets.

b. une évolution positive des performances des objets techniques dans le service rendu.

c. une amélioration de la qualité environnementale des objets techniques.

5. Une bonne pratique des objets connectés à un réseau informatique conduit à :

a. publier des données personnelles sur Internet sans réfléchir.

b. être discret(e) sur la diffusion de ses données personnelles sur Internet.

c. toujours donner son nom et son prénom quand ils sont demandés dans un formulaire sur Internet.

6. Faites le « ménage dans ses historiques » sur Internet consiste à :

a. effacer régulièrement les traces de ses navigations (recherches) sur Internet.

b. nettoyer régulièrement son écran et son clavier.

c. aménager un site historique.

J'utilise mes compétences

Exercice 2 Vers la voiture autonome

Depuis 1975, différents dispositifs d'aide à la conduite se généralisent sur l'ensemble des voitures au point de devenir autonomes d'ici 2030.

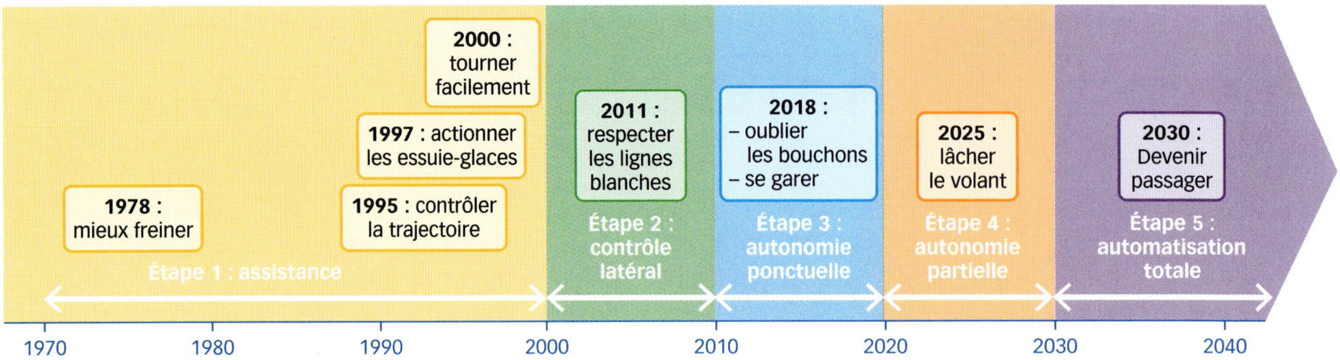

1. Relevez à quelle date les détecteurs de pluie ont équipé les voitures.
2. Identifiez trois innovations technologiques qui marquent un progrès pour la sécurité des utilisateurs.

Exercice 3 Les étapes du cycle de vie d'un objet technique

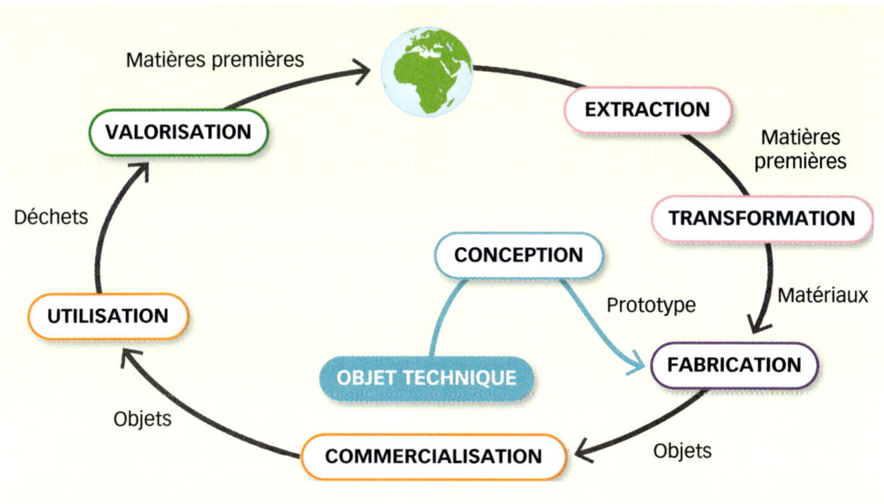

1. Indiquez les étapes qui se rapportent directement à l'objet technique.
2. Relevez les étapes liées aux matériaux qui composent l'objet technique.
3. Déterminez les étapes du cycle de vie d'une voiture au cours desquelles il y a :
   a. une forte consommation d'énergie ;
   b. un important rejet de CO_2.
4. Listez les conséquences des transports sur l'environnement à chaque étape du cycle de vie.

Exercice 4 L'évolution des performances des téléphones portables

1996 Alcatel OLA 101
Hauteur × largeur × épaisseur : 143 × 53 × 28 mm
Taille de l'écran : affichage 2 lignes de 12 caractères
Autonomie : 100 h en veille
Masse : 215 g

2005 Sagem myV-76
Hauteur × largeur × épaisseur : 110 × 47 × 19 mm
Taille de l'écran : 1,8 pouce
Autonomie : 350 h en veille
Masse : 104 g

2012 Apple iPhone 5
Hauteur × largeur × épaisseur : 123,8 × 58,6 × 7,6 mm
Taille de l'écran : 4 pouces
Autonomie : 225 h en veille
Masse : 112 g

1. Expliquez pourquoi ces objets appartiennent à la même famille.
2. Identifiez les caractéristiques (performances) qui représentent des progrès.
3. Indiquez les performances qui ne progressent plus depuis 2005.

Exercice 5 Le respect d'autrui et de soi sur Internet

CNIL
Commission Nationale de l'Informatique et des Libertés

1. Définissez ce qu'est la CNIL. Faites une recherche sur Internet.
2. Voici deux conseils dispensés par la CNIL. Recherchez-en deux autres sur le site.
3. Expliquez pourquoi il faut rester discret(ète) sur Internet.
4. Expliquez pourquoi il faut modérer ses propos sur les réseaux sociaux.

Les caméras d'action

VOTRE MISSION

Dans le cadre de l'atelier cinéma de votre collège, vous menez une réflexion sur l'usage des caméras. Utilisées par le grand public depuis les années 1960, les caméras à pellicule photographique ont touché un large public. Celui-ci s'est encore élargi avec l'arrivée du magnétoscope en 1967.
Vous préparez alors pour votre atelier un exposé qui montrera l'impact de cette évolution sur l'environnement.

POUR RÉUSSIR

- Je détermine et j'expose les principaux critères qui améliorent les caméras d'action.
- J'indique les conséquences de la miniaturisation et de l'allègement des matériels sur l'apport d'énergie.
- Je repère les principaux rejets émis au cours du cycle de vie.
- Je précise au moins deux règles qui s'imposent lors de la diffusion d'images sur Internet.

VOS RESSOURCES

doc. 1 Évolution des caméras grand public

- Enregistrement analogique sur cassette vidéo de 8 mm.
- Durée enregistrement : 4 h maxi
- Dimensions L × H × P : 106 × 107 × 175 mm
- Masse : caméscope 790 g, batterie 50 g et cassette 20 g
- Résolution vidéo : 560 × 480 (268 800 pixels)

1989 **CCD-TR55 Handycam 55**

2015 **Sony Action Cam AS200V**

- Enregistrement numérique sur disque dur
- Wi-Fi et GPS
- Durée d'enregistrement : 90 minutes
- Dimensions L × H × P : 24,2 × 46,5 × 81,5 mm (dont batterie fournie)
- Poids : 93 g (batterie 25 g fournie comprise)
- Résolution vidéo : 1 920 × 1 080 60p/50p (2 073 600 pixels)
- Édition : application sur ordinateur ou appareil nomade
- Publication : vidéos partagées sur les réseaux sociaux

2015 **Lunettes connectées Recon Jet**

- Enregistrement numérique sur carte mémoire 8 Go
- Résolution : vidéo Go HD 720 pixels
- Durée enregistrement vidéo : 30 minutes
- Connectivité : GPS, Bluetooth, Wi-Fi, Micro USB
- Masse : 92 g (batterie incluse)
- Édition : application sur ordinateur ou appareil nomade
- Publication : vidéos partagées sur les réseaux sociaux

doc. 2 Dix conseils de la CNIL pour rester Net sur le Web

Rendez-vous sur le site de la CNIL pour consulter les conseils. www.cnil.fr

COUP DE POUCE

Pour vous aider à formuler les étapes du cycle de vie d'un caméscope, appuyez-vous sur l'exemple de la console de jeux p. 65.

THÈME 3
La modélisation et la simulation des objets et systèmes techniques

chapitre 7

Analyser le fonctionnement et la structure d'un objet

Comment la technologie permet-elle de surveiller les ouvrages d'art ?

Dans ce chapitre, vous allez apprendre à :

Pratiquer des démarches scientifiques et technologiques
(Domaine 4 du socle)

- Imaginer, synthétiser, formaliser et respecter une procédure, un protocole.
- Mesurer des grandeurs de manière directe ou indirecte.

Concevoir, créer, réaliser
(Domaine 4 du socle)

- Identifier le(s) matériaux), les flux d'énergie et d'information dans le cadre d'une production technique sur un objet et décrire les transformations qui s'opèrent.
- Associer des solutions techniques à des fonctions.

Pratiquer des langages
(Domaine 1 du socle)

- Décrire en utilisant les outils et langages de descriptions adaptés, la structure et le comportement des objets.

OBSERVER

Comment surveiller un ouvrage d'art ?

COMPÉTENCES ASSOCIÉES
- Associer des solutions techniques à des fonctions.
- Analyser le fonctionnement d'un objet.
- Identifier les flux d'énergie.
- Mesurer des grandeurs de manière directe ou indirecte.
- Utiliser des outils et langages de description adaptés.

Situation Après avoir visité le service chargé d'assurer la surveillance et la maintenance du viaduc de Millau, votre groupe est chargé de réaliser un compte rendu de cette visite.

Problème Comment aider votre groupe à faire le compte rendu en précisant :
- les éléments qui participent à la surveillance du pont ;
- comment s'abaisse la barrière et s'allument les feux de signalisation si des risques ont été détectés ;
- les matériaux des principaux éléments du pont et leurs caractéristiques ?

doc. 1 Capteurs de mesure directe placés sur le pont

Ces capteurs mesurent directement une grandeur physique en temps réel : la largeur des fissures, la force du vent, l'allongement ou la rétractation du tablier, l'angle d'inclinaison du tablier.

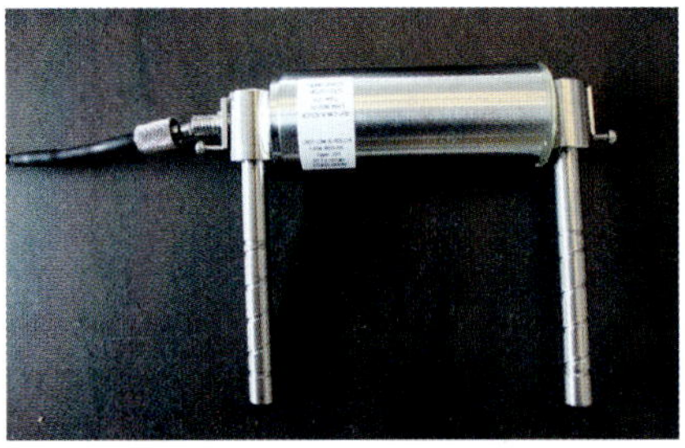
Fissuromètre

Anémomètre

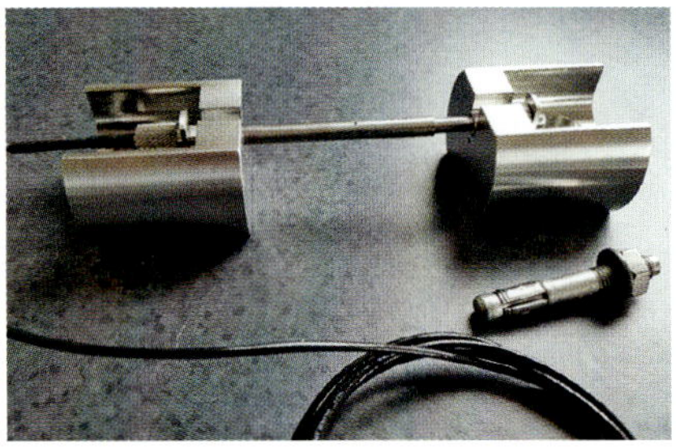
Extensomètre

Inclinomètre

doc. 2 Capteurs de mesure indirecte implantés dans le sol

Des capteurs implantés dans le sol mesurent indirectement la masse présente sur le pont. Ils comptent le nombre de véhicules présents et déterminent leur type (voiture, camion…) en fonction de leur longueur. Un système en déduit la masse de l'ensemble.

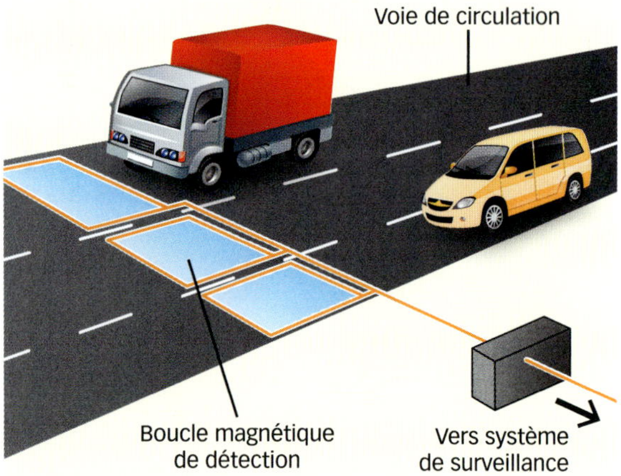

doc. 3 Moyens pour interdire l'accès au pont

Pour interdire l'accès au pont si un vent important est annoncé, les feux de signalisation s'allument et la barrière ① s'abaisse.

Le viaduc de Millau

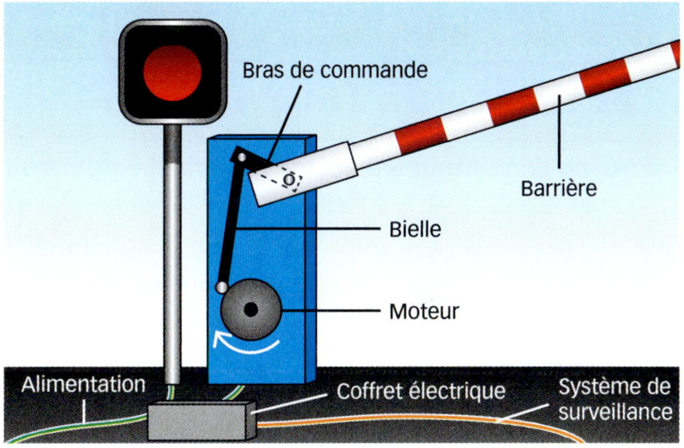

Le fonctionnement de la barrière

doc. 4 Principaux matériaux du pont

Le viaduc de Millau est constitué de quatre éléments principaux : les piles, les pylônes, le tablier et les haubans.

Pylône : aspect observé

Le tablier, les pylônes, et les haubans sont réalisés avec un même matériau, de couleur grise, souvent recouvert de peinture. Ce matériau est un conducteur électrique et attire les aimants.
Le choix de ce matériau, qui résiste bien aux efforts de traction, a permis d'alléger la structure du pont.

Pile : aspect observé

Les piles sont très rigides, elles supportent le poids de l'ensemble du pont et sont ancrées dans le sol.
Le matériau visible de l'extérieur est de couleur grise, il n'est ni transparent ni conducteur électrique.
Il supporte bien les efforts de compression mais, utilisé seul, il peut être cassant. Pour le renforcer on y insère des tiges en acier.

J'analyse la situation

1. Relevez les informations mesurées par les capteurs (doc. 1).
2. Expliquez le choix de la prise de mesures indirectes sur le pont (doc. 2).
3. Précisez le rôle des feux et de la barrière (doc. 3).
4. Précisez le nom des deux éléments qui permettent de transmettre le mouvement du moteur à la barrière (doc. 3).
5. Repérez les trois principaux éléments qui sont réalisés avec le même matériau (doc. 4).

Comment surveiller un ouvrage d'art ?

Méthode 1 Repérer les informations et l'énergie fournies au système

- Quand un **capteur** est adapté à la grandeur physique à mesurer (courant électrique, intensité lumineuse, masse…), il est possible de faire une **mesure directe de sa valeur**. Dans le cas contraire, le résultat peut être obtenu par la **mesure indirecte** d'autres grandeurs.
- Les informations provenant des capteurs ou des utilisateurs sont transmises à la **chaine d'information** qui pilote la **chaine d'énergie**.

Démarche

Étape 1 Représenter par une bulle le système en indiquant son nom avec un titre.

Étape 2 Lister dans une bulle les informations fournies au système par l'environnement.

Étape 3 Indiquer dans une bulle l'énergie qui alimente le système.

Étape 4 Indiquer les actions, les services ou les effets produits par le système.

Application au viaduc de Millau

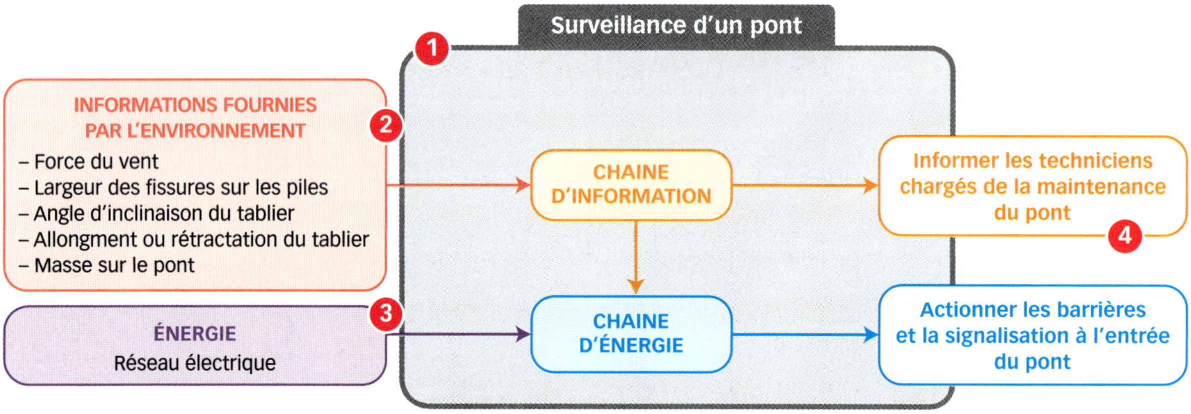

Diagramme des flux d'information et d'énergie

Méthode 2 Identifier la chaine d'énergie

Plusieurs éléments gèrent l'énergie qui fait fonctionner un objet technique. Ils constituent la **chaine d'énergie**. Elle assure les fonctions permettant :
– d'**alimenter** l'objet en énergie ;
– de **distribuer** l'énergie (interrupteur, variateur…) pour la réguler ;
– de **convertir** la forme de l'énergie (moteur, résistance électrique…) ;
– de **transmettre** l'énergie d'un élément à un autre.

Démarche

Étape 1 Indiquer dans une bulle l'énergie qui alimente le système.

Étape 2 Identifier les fonctions techniques correspondant aux effets attendus.

Étape 3 Associer à chaque fonction technique l'élément qui la compose.

Application au viaduc de Millau

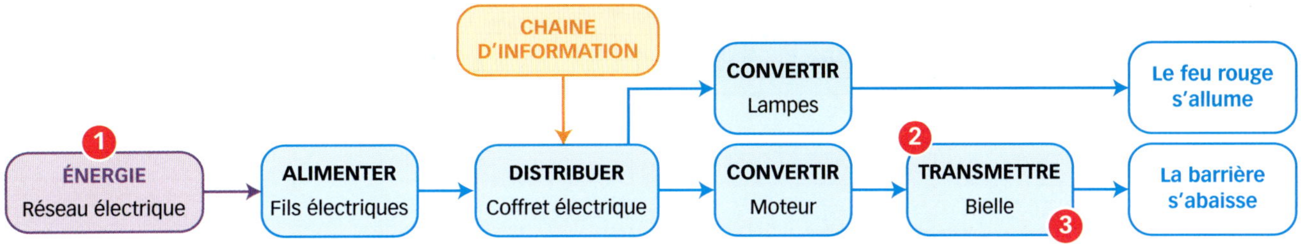

Chaine d'énergie pour abaisser la barrière et allumer les feux de signalisation

Méthode 3 Identifier et caractériser des matériaux

Un objet technique peut présenter des matériaux différents. L'observation et les tests permettent de repérer leur famille. Les matériaux usuels se regroupent en trois familles :
- **les matériaux organiques** (bois, caoutchouc, laine, cuir, plastique…) ;
- **les matériaux métalliques** (aluminium, fer, cuivre…) ;
- **les matériaux céramiques** (verre, porcelaine, grés…).

Démarche

Étape 1 Repérer les caractéristiques de la matière utilisée pour réaliser l'objet.

Étape 2 Placer une suite de points dans l'outil d'identification des matériaux proposé (➤ Ressource, Matériaux, p. 250).

Étape 3 Tracer une flèche reliant les points.

Étape 4 Relever le nom du matériau et sa famille indiquée à l'extrémité de la flèche.

Application aux matériaux utilisés pour construire le viaduc de Millau

1

Les piles sont très rigides, elles supportent le poids de l'ensemble du pont et sont ancrées dans le sol. Le matériau visible de l'extérieur est de couleur grise, il n'est ni transparent ni conducteur électrique.
Il supporte bien les efforts de compression mais, utilisé seul, il peut être cassant. Pour le renforcer, on y insère des tiges en acier.

Le tablier, les pylônes, et les haubans sont réalisés avec un même matériau. De couleur grise, souvent recouvert de peinture. Ce matériau est un conducteur électrique et attire les aimants.
Le choix de ce matériau, qui résiste bien aux efforts de traction, a permis d'alléger la structure du pont.

Identification : le matériau utilisé est du béton, il appartient à la famille des matériaux céramiques. 4
Remarque : associé à du métal, il est considéré comme un matériau composite.
Identification : Le matériau utilisé est de l'acier, il appartient à la famille des matériaux métalliques.

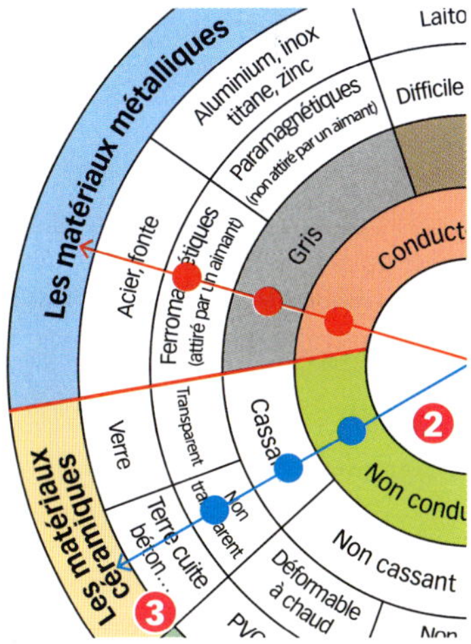

Je vérifie que j'ai bien compris la méthode

1. Listez les informations transmises au système de surveillance du pont. ▸ Méthode 1
2. Indiquez les effets produits par la chaine d'énergie. ▸ Méthode 2
3. Indiquez les quatre fonctions techniques représentées dans la chaine d'énergie. ▸ Méthode 2

Mini-projet

Par groupe, décrivez un test simple à réaliser pour vérifier si un matériau est conducteur d'électricité. Appuyez-vous sur la **méthode 3**.

APPRENDRE

Je retiens

La recherche des composants d'un objet technique

Quand l'instrument de mesure est adapté à la grandeur physique à mesurer (courant électrique ; intensité lumineuse, masse…), il est possible de faire une **mesure directe** de cette grandeur. Sinon le résultat peut être obtenu par mesure indirecte : on mesure une autre grandeur, puis on en déduit celle recherchée par calcul.

Chaine et flux d'énergie et d'information

Un objet technique fonctionnant avec de l'énergie possède plusieurs éléments pour la gérer et produire l'effet désiré (chaleur, mouvement, lumière). Leur ensemble constitue une chaine d'énergie.

La chaine d'information pilote la chaine d'énergie (arrêter, mettre en marche, réguler) à partir d'informations transmises à l'objet technique par l'utilisateur ou par des capteurs (luminosité, présence, chaleur…).

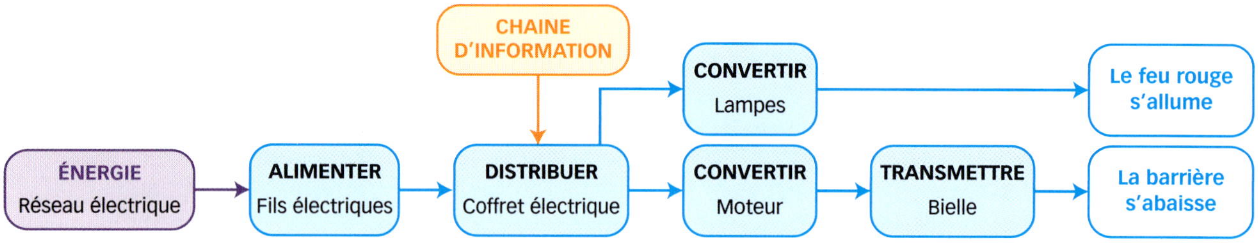

Chaine d'énergie pour abaisser la barrière et allumer les feux de signalisation

Les matériaux et la structure des objets techniques

Les matériaux utilisés dans un objet technique sont de natures différentes. Une observation, associée à des tests, permet de repérer à quelle famille de matériaux ils appartiennent.

Pour répondre aux exigences d'un objet technique, les principales propriétés des matériaux utilisés doivent correspondre à l'aptitude recherchée.

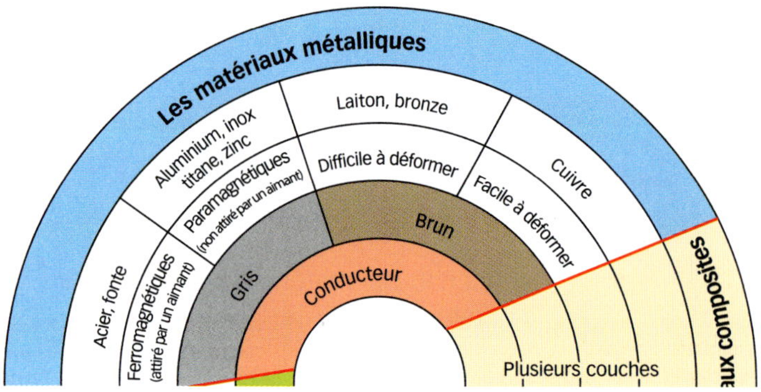

Définitions

- **Chaine d'énergie**
Composants qui gèrent l'énergie nécessaire au fonctionnement de l'objet (alimenter, distribuer, convertir, communiquer).
- **Chaine d'information**
Fonctions qui acquièrent, traitent et communiquent des informations.

Je sais faire

- **Rechercher les composants d'un objet technique**
  - Mesure physique de manière directe ou indirecte
- **Repérer les composants de la chaine d'énergie**
  - Identifier les entrées et sorties d'un système
  - Associer des solutions techniques à des fonctions
- **Identifier les matériaux composant la structure des objets techniques**
  - Identifier les matériaux des principaux éléments d'un objet

J'ai appris à		
Imaginer, synthétiser, formaliser et respecter une procédure, un protocole.		
Mesurer des grandeurs de manière directe ou indirecte.		
Identifier le(s) matériau(x), les flux d'énergie et d'information dans le cadre d'une production technique sur un objet et décrire les transformations qui s'opèrent.		
Associer des solutions techniques à des fonctions.		
Décrire, en utilisant les outils et langages de descriptions adaptés, la structure et le comportement des objets.		

S'ENTRAINER

COMPÉTENCES TRAVAILLÉES
- Mesurer des grandeurs de manière directe ou indirecte (ex. 2 et 3).
- Traduire des choix de solutions sous forme de schémas (ex. 4).
- Identifier les matériaux sur un objet (ex. 5).

Je vérifie mes connaissances

Exercice 1

lienmini.fr/t130-qcm7-1

1. **Quand l'instrument de mesure est adapté à la grandeur physique à mesurer, il s'agit :**
   a. d'une mesure indirecte.
   b. d'une mesure directe.
   c. d'une mesure approximative.

2. **L'ensemble des éléments d'un objet technique qui permettent de produire l'effet désiré (chaleur, mouvement, lumière…) constituent :**
   a. la chaine d'information.
   b. la chaine d'énergie.
   c. les informations saisies par l'utilisateur.

3. **Les données transmises à l'objet par l'utilisateur ou par des capteurs (luminosité, présence, chaleur…) participent à :**
   a. la chaine d'information.
   b. la chaine d'énergie.
   c. la source d'énergie.

4. **Pour prélever des informations dans l'environnement de l'objet, on utilise :**
   a. des actionneurs.
   b. des capteurs.
   c. un ordinateur.

5. **Les matériaux usuels peuvent être regroupés en trois familles :**
   a. les matériaux en aluminium, en acier et en cuivre.
   b. les matériaux en bois, en carton et en papier.
   c. les matériaux organiques, métalliques et céramiques.

6. **Les matériaux sont caractérisés par leurs propriétés physiques (masse), électriques (conductivité), chimiques (corrosion), de mise en forme (moulage, découpage…) et :**
   a. mécaniques.
   b. de l'utilisateur.
   c. de mouvement.

J'utilise mes compétences

Exercice 2 La mesure d'une vitesse

Pour connaitre la vitesse de déplacement du robot tondeuse, on mesure le temps parcouru sur une certaine distance avec un chronomètre.

Conditions de la mesure	Temps	Distance	Vitesse
Dans herbe de hauteur 10 cm	60 secondes	100 m	6 km/h
Dans herbe de hauteur 5 cm	40 secondes	100 m	9 km/h

1. Indiquez le nom des deux appareils de mesure usuels utilisés dans cette expérience.
2. Précisez les raisons qui expliquent les différences de résultat.
3. Indiquez s'il s'agit d'une mesure directe ou indirecte.

Exercice 3 Mesure d'une tension électrique

Pour vérifier le câblage d'un coffret électrique, une installatrice mesure la valeur de la tension aux bornes du disjoncteur. Elle utilise un multimètre en mode voltmètre. Une valeur située entre 220 et 230 V indique que le câblage est correct.

1. Indiquez le nom de l'appareil de mesure utilisé.
2. Repérez sur quelle position est placé le commutateur rotatif.
3. Précisez si la valeur obtenue permet de valider le câblage.
4. Indiquez s'il s'agit d'une mesure directe ou indirecte.

Exercice 4 La chaine d'énergie d'un véhicule électrique

Comme tous les véhicules 100 % électriques, la *Smart Electric Drive* est composée de différents composants qui assurent chacun une fonction technique.

ÉNERGIE Réseau électrique → ALIMENTER → DISTRIBUER → CONVERTIR → TRANSMETTRE → Déplacement de la voiture

Chaine d'énergie

1. Indiquez la provenance de l'énergie électrique qui recharge les batteries.
2. Listez les quatre fonctions techniques qui composent la chaine d'énergie de ce véhicule.
3. Associez à chaque fonction technique le composant de la voiture qui convient.

Exercice 5 Les composants d'un vélo

1. Identifiez trois familles de matériaux dans l'outil d'identification des matériaux (➤ **Ressource**, Matériaux, p. 117).
2. Identifiez le test qui montre qu'un matériau est un conducteur électrique.
3. Identifiez le test qui distingue l'acier de l'aluminium.
4. Identifiez le matériau et sa famille pour chaque composant de ce vélo.

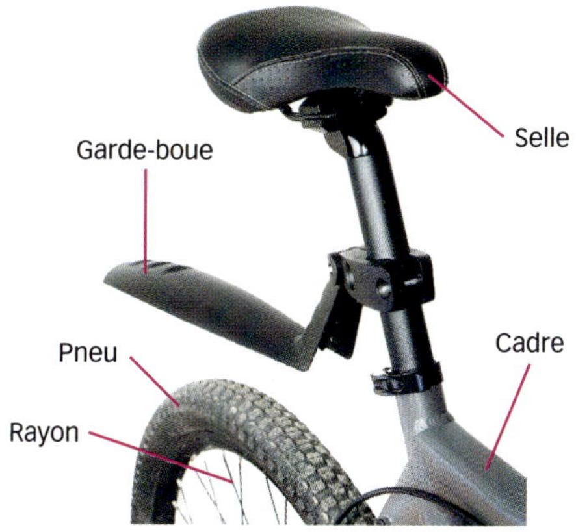

Un chauffage central au gaz

Tâche complexe

VOTRE MISSION

Jeanne a acheté l'appartement attenant au sien. Elle dispose chez elle du chauffage dit « central » au gaz, et son nouvel appartement est équipé de convecteurs électriques. Elle souhaite étendre son installation de chauffage central au nouvel appartement.

Des bricoleurs, sur un forum, proposent de l'aider. Pour cela elle doit compléter un document décrivant son installation existante et préciser le matériau utilisé pour les tuyaux.

POUR RÉUSSIR

- Je complète le document : information saisie par l'utilisateur, information fournie par l'environnement, énergie fournie, effet produit, composant de chacune des fonctions de la chaine d'énergie.
- Je détermine, grâce à la **Ressource**, p. 117, le matériau de chacun des trois types de tuyau utilisés.

VOS RESSOURCES

lienmini.fr/t130-chauffage

doc. 1 Document à compléter

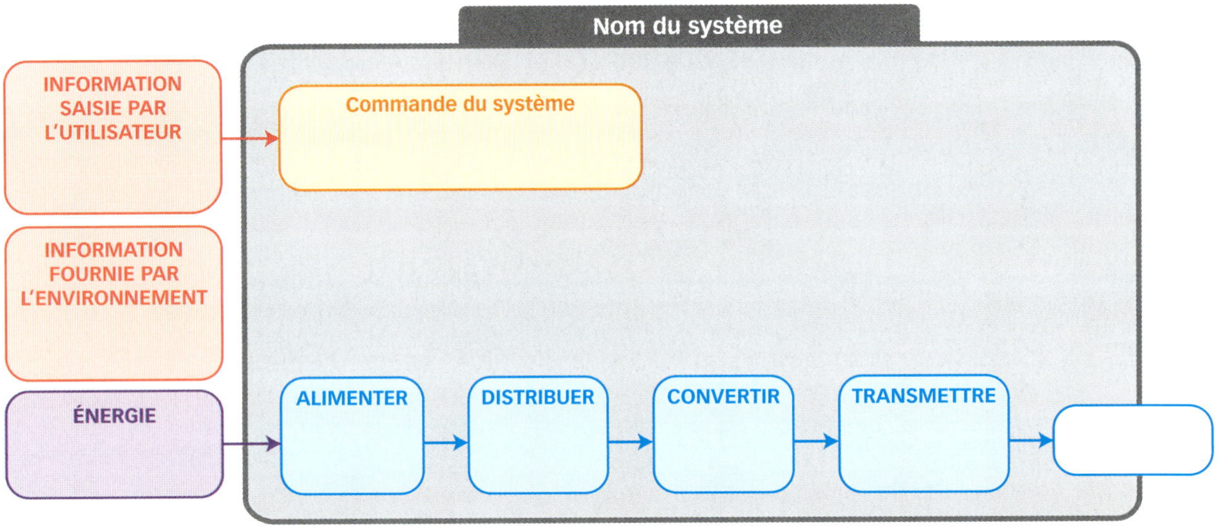

doc. 2 Schéma de l'installation de chauffage existante

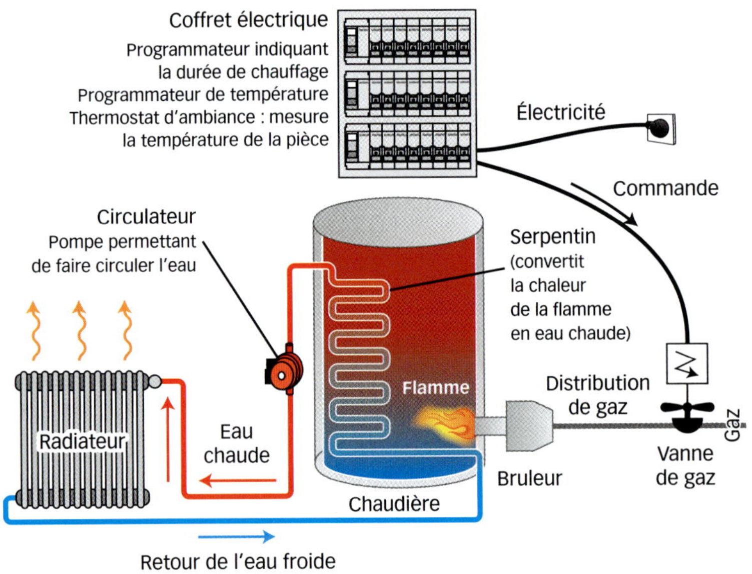

doc. 3 Types de tuyaux utilisés dans l'installation

Tuyau 1
Matériau conducteur électrique de couleur brune, facile à déformer.

Tuyau 2
Matériau conducteur électrique de couleur grise, attiré par un aimant.

Tuyau 3
Matériau non conducteur électrique, non cassant, déformable à chaud.

THÈME 3
La modélisation et la simulation des objets et systèmes techniques

chapitre 8

Simuler une structure et un comportement

Comment rendre compte des solutions techniques mises en œuvre ?

Dans ce chapitre, vous allez apprendre à :

Mobiliser des outils numériques
(Domaine 2 du socle)

- Simuler numériquement la structure et/ou le comportement d'un objet.
- Lire, utiliser et produire des représentations numériques d'objets.

OBSERVER

Comment valider une solution de pergola bioclimatique ?

COMPÉTENCES ASSOCIÉES
- Utiliser une modélisation pour prouver.
- Simuler numériquement la structure et/ou le comportement d'un objet.
- Interpréter le comportement de l'objet et le communiquer en argumentant.

Situation Le-Yin travaille dans une entreprise spécialisée dans la pose de pergolas. Il a réalisé une étude pour implanter un modèle bioclimatique automatisé pour la terrasse d'un particulier.

Le-Yin utilise des logiciels de simulation pour vérifier que la solution technique répond à la demande du client. Il doit rédiger un document qui résume cette étude et le montrer à son client.

Problème Comment utiliser une modélisation pour justifier et présenter la solution technique retenue ?

doc. 1 Représentation de la pergola

lienmini.fr/t130-pergola
vidéo du mouvement des lames

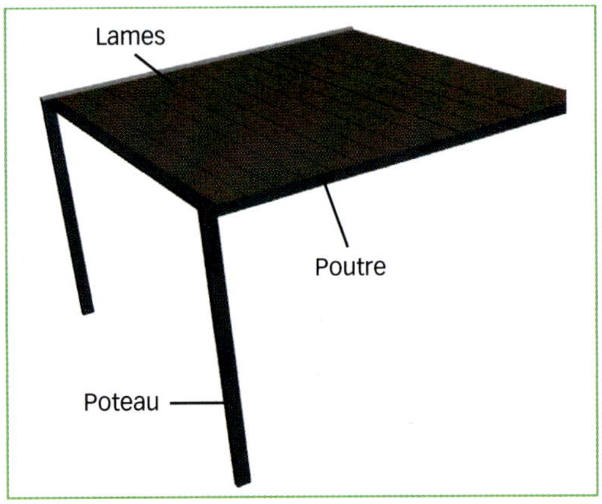

Vue d'ensemble

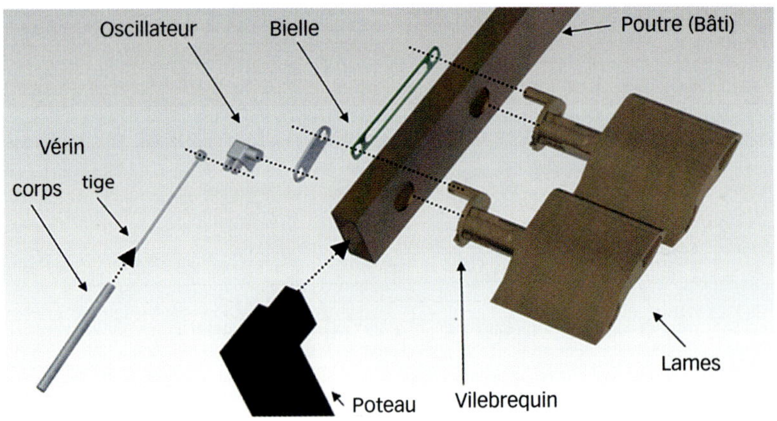

Vue éclatée

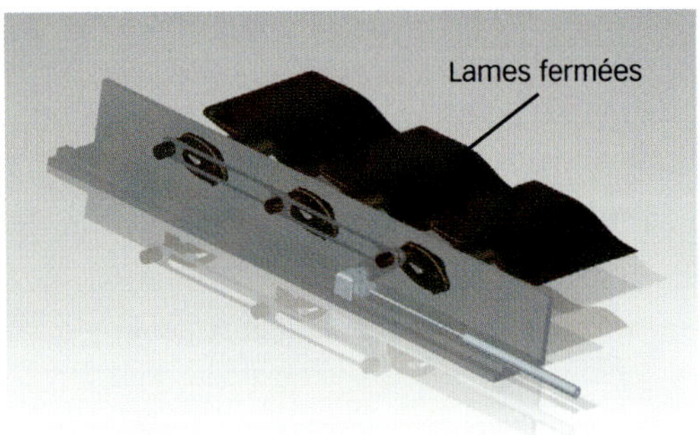

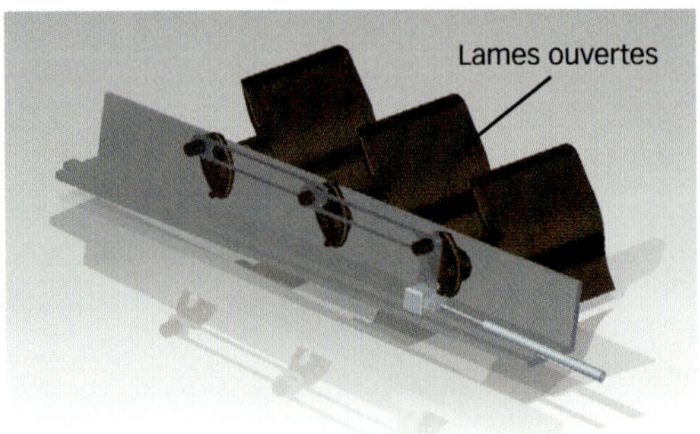

Vue du fonctionnement

Le toit de la pergola est constitué de lames pivotantes en matière plastique. Elles obscurcissent plus ou moins la terrasse.

doc. 2 Demande du client

Contraintes à respecter

- Abaisser la température de la terrasse et de l'intérieur de la maison en été, sans trop l'obscurcir.
- S'intégrer à la maison (dimensions, esthétique).
- S'adapter automatiquement à l'ensoleillement.
- Pouvoir être commandé manuellement.
- Résister aux intempéries et à une accumulation de neige de 10 cm.
- Laisser passer le soleil en hiver pour réchauffer la maison via la baie vitrée.

doc. 3 Étude technique de la solution avec trois simulations

lienmini.fr/t130-simupergola
fichiers des simulations

Simulation de la pergola dans son environnement

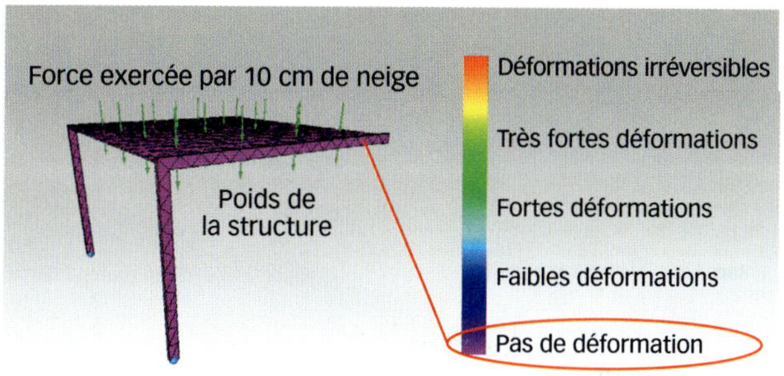

Simulation des déformations dues à la neige

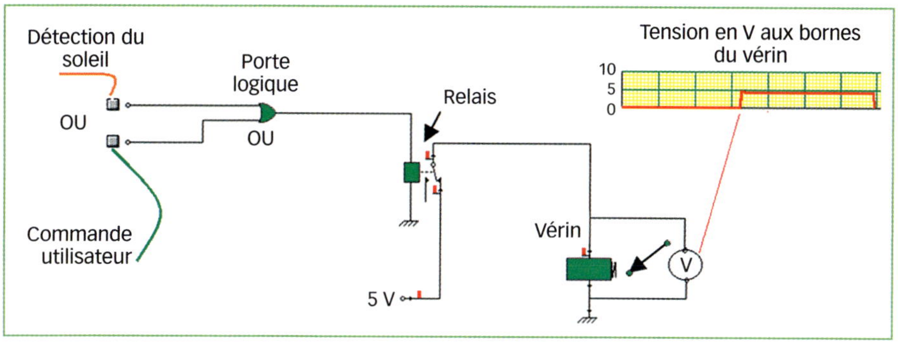

Modélisation du circuit de commande des lames pivotantes

Le vérin fait pivoter les lames du toit. Il est commandé par l'utilisateur ou par un capteur qui détecte la présence du soleil. La tension électrique aux bornes du vérin traduit le mouvement des lames.

J'analyse la situation

1. Repérez les éléments mobiles de la pergola et ses éléments fixes (doc. 1).
2. Indiquez sur quel élément agit la tige du vérin pour orienter les lames de la pergola (doc. 1).
3. Classez les contraintes à respecter pour répondre à la demande du client (fonctionnelle, ergonomique, sécurité…) (doc. 2).
4. Indiquez pour chaque simulation la principale contrainte qui est vérifiée (docs 2 et 3).
5. Relevez les deux possibilités de commande des lames de la pergola (doc. 3).

RÉSOUDRE

Comment valider une solution de pergola bioclimatique ?

Méthode 1 Exploiter une simulation

Une **modélisation** permet de visualiser un futur objet dans son environnement, de **simuler** son comportement aux efforts et son fonctionnement.

Démarche

Étape 1 Ouvrir la modélisation à l'aide du logiciel adapté.

Étape 2 Constater les résultats obtenus.

Étape 3 Mettre en relation les résultats avec la demande de l'utilisateur.

Conseil
Selon le simulateur que vous utilisez, les observations peuvent être très variées : observation directe sur l'écran, obtention de courbes, tableau de relevé de mesures…

Application à la pergola bioclimatique

Rendu de la pergola devant la façade de la maison

1 La pergola s'intègre à la maison : ses dimensions sont correctes.

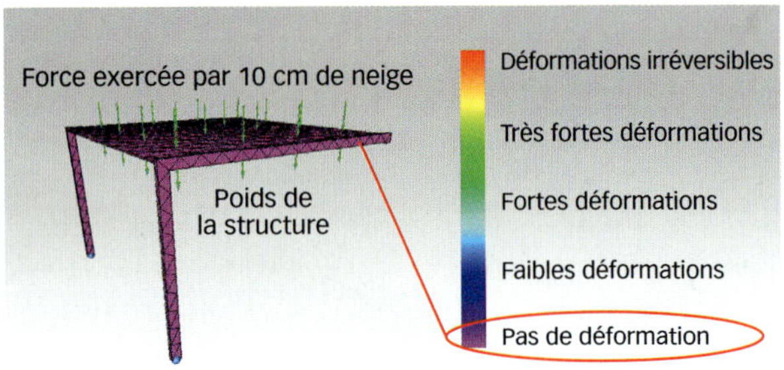

Comportement de la pergola sous l'effet de la neige

2 La pergola ne subit aucune déformation due à la force exercée par la neige.

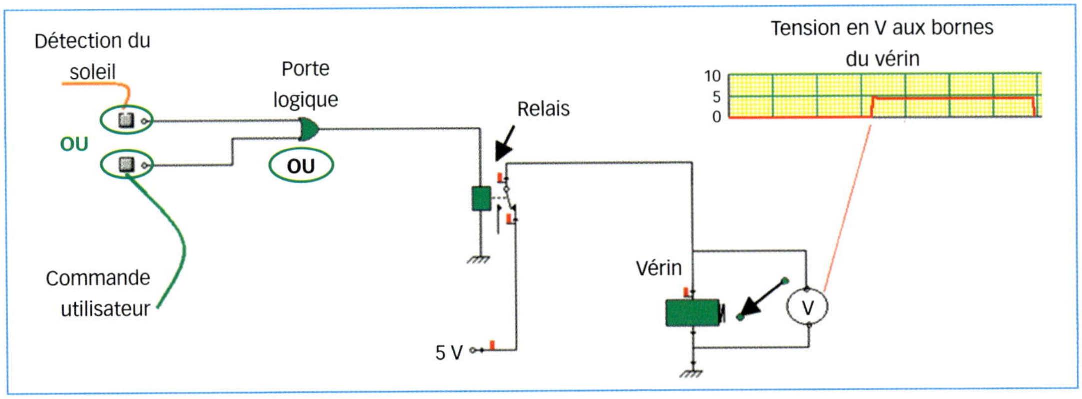

Mouvement des lames pivotantes

3 La tension électrique aux bornes du vérin simule le mouvement des lames, actionnées soit par l'utilisateur soit par la présence du soleil.

lienmini.fr/t130-tutocroco
tutoriel Crocodile Physics

Méthode 2 Produire une communication argumentée

- Les documents sont rassemblés et présentent les résultats des simulations. Leur objectif est de montrer qu'ils répondent au problème posé (argumentation).
- La communication peut être produite sur un support papier (compte-rendu, brochure…) ou numérique (diaporama, présentation multimédia…).

Démarche

Étape 1 Définir les informations nécessaires à la communication à partir des contraintes à respecter.

Étape 2 Rassembler les résultats des représentations, modélisations et simulations sous forme d'images numériques. Les associer aux contraintes demandées.

Étape 3 Mettre en forme le document de communication.

Conseil
Veillez à ce que les documents destinés à l'utilisateur ne comportent pas trop de détails techniques.

Application à la pergola bioclimatique

Ces fiches montrent à l'utilisateur que la solution retenue répond à ses attentes.

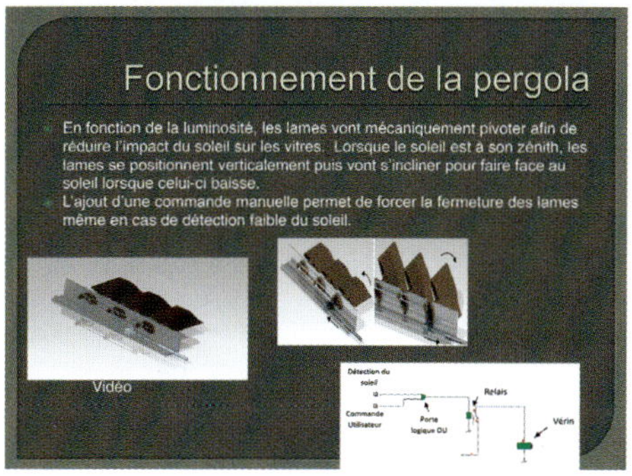

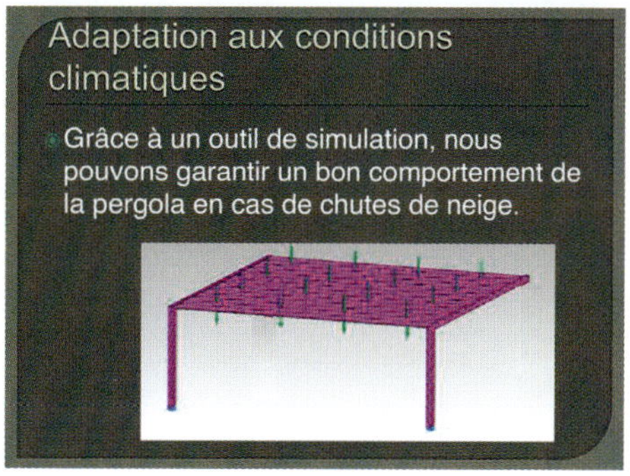

Demande de l'utilisateur

Contraintes à respecter :
- s'intégrer le plus possible à la maison
- abaisser la température de la terrasse et de l'intérieur de la maison en été
- laisser passer le soleil en hiver pour réchauffer la maison via la baie vitrée
- s'adapter automatiquement à l'ensoleillement
- pouvoir être commandée manuellement
- résister aux intempéries, notamment à une accumulation de neige de 10 cm.

Argumentation à destination de l'utilisateur

Je vérifie que j'ai bien compris la méthode

1. Associez à chaque simulation une contrainte exprimée par le client. ▸ Méthode 1
2. Pour chaque simulation, indiquez le résultat obtenu à l'aide du lien mini p. 85. ▸ Méthode 1
3. Expliquez le but de cette communication. ▸ Méthode 2

Mini-projet

Par groupe, rédigez la présentation de l'étude de l'implantation de la pergola et présentez-la oralement.

Je retiens

La simulation d'une structure

Un logiciel de **représentation volumique** (3D) produit des images en trois dimensions de l'objet technique.
Les outils de description fonctionnelle d'une structure
Les outils de description d'une structure

Les **outils de description** de modélisation permettent de visualiser la **structure** d'un objet. On applique des **lois physiques** (mécanique, électrique) sur le modèle numérique de la structure, et on évalue sa réaction au cours de la **simulation**.

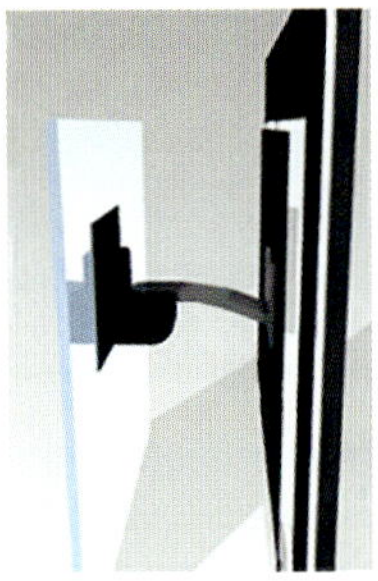

Support de TV initial

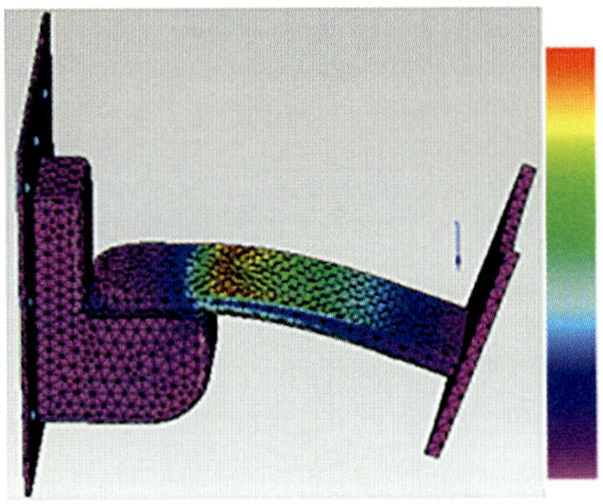

Simulation du support initial

Un logiciel de **simulation** permet d'évaluer les effets du fonctionnement d'un objet sur sa structure (déformations, zones de fragilité).

La simulation d'un fonctionnement

Les **outils de description** que sont la modélisation et la simulation servent, en fonction de lois scientifiques, à décrire le **fonctionnement** d'un objet technique et de prévoir son **comportement**.

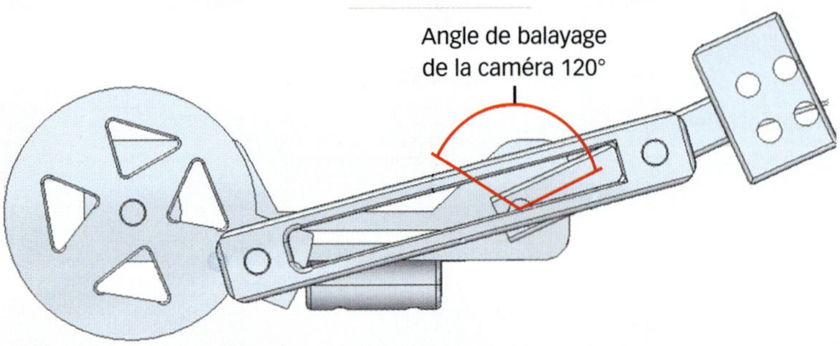

Simulation d'un support de caméra

Définitions

Outils de description d'un fonctionnement, d'une structure et d'un comportement
Ce sont des logiciels de représentation volumique, de modélisation et de simulation.

Je sais faire

Modélisation

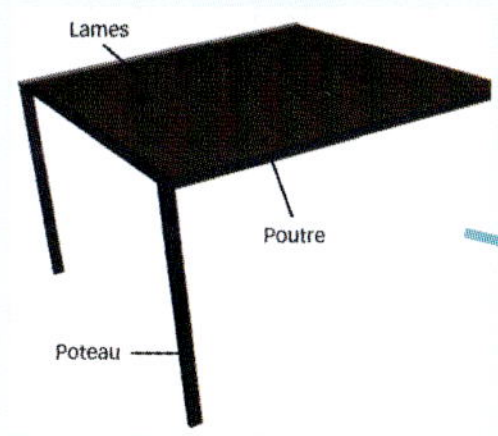

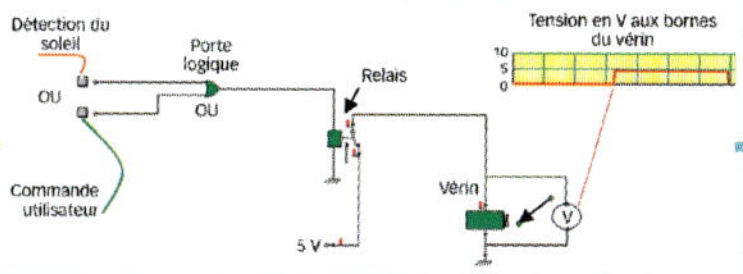

Fonctionnement d'un objet

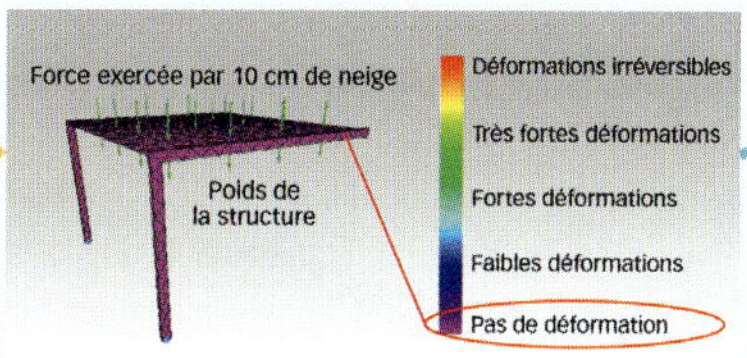

Comportement d'une structure

Lire le résultat d'une simulation → Communication argumentée

*Je vais savoir faire en 4e et en 3e*

Utiliser et interpréter une simulation → Communication argumentée

Paramétrer et produire une simulation → Communication argumentée

J'ai appris à

Simuler numériquement la structure et/ou le comportement d'un objet.		
Lire, utiliser et produire des représentations numériques d'objets.		

S'ENTRAINER

COMPÉTENCES TRAVAILLÉES
- Lire, utiliser et produire des représentations numériques d'objets (ex. 2).
- Simuler numériquement la structure et/ou le comportement d'un objet (ex. 3, 4 et 5).

Je vérifie mes connaissances

lienmini.fr/t130-qcm81

Exercice 1

1. Une représentation volumique d'un objet est un :

a. dessin en trois dimensions de l'objet.

b. dessin en deux dimensions de l'objet.

c. dessin en quatre dimensions de l'objet.

2. Pour visualiser la structure d'un objet dans son environnement, on utilise :

a. une représentation d'un objet technique en trois dimensions.

b. un schéma.

c. un croquis.

3. Une modélisation numérique du fonctionnement d'un objet technique permet :

a. de vérifier son comportement.

b. sa fabrication.

c. de déterminer son cout.

4. La modélisation numérique d'efforts sur un objet technique permet de :

a. définir l'esthétique de l'objet.

b. colorier l'objet.

c. observer les déformations de l'objet soumis à des efforts avant sa réalisation.

5. La simulation numérique permet :

a. de tester uniquement le fonctionnement de la partie électrique d'un système.

b. de tester le fonctionnement de la partie électrique et mécanique d'un système.

c. de tester uniquement le fonctionnement de la partie mécanique d'un système.

6. Avant de pouvoir simuler le fonctionnement d'un objet technique, il faut :

a. le représenter avec un logiciel de modélisation.

b. le représenter avec un schéma.

c. le fabriquer.

J'utilise mes compétences

Exercice 2 Intégration d'un pont dans un paysage

Un constructeur conçoit un pont pour traverser une autoroute. Il doit vérifier que la couleur prévue s'intègre dans l'environnement naturel.

1. Indiquez quel type de logiciel permet d'obtenir cette simulation.
2. Proposez une modification de la simulation pour valider la solution quelle que soit la saison.

Exercice 3 Réglage de l'ouverture d'une serre

Le vantail doit s'ouvrir à partir de 20 °C dans une serre. La simulation permet de déterminer la valeur de la résistance variable pour l'ouverture du vantail.

lienmini.fr/t130-verin
fichier de simulation du vantail

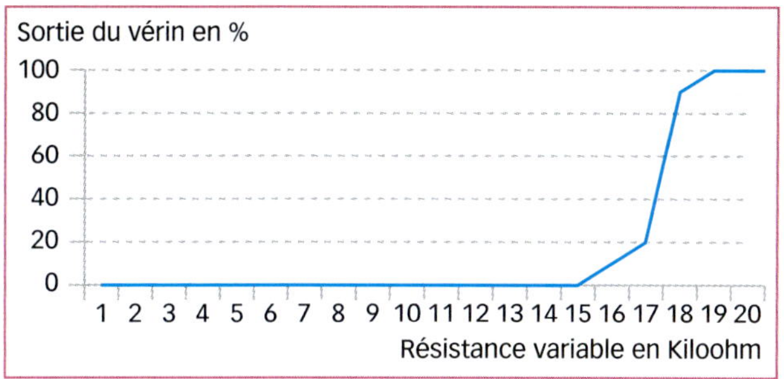

Sortie de la tige du vérin (en %) en fonction de la résistance variable (en kiloohm)

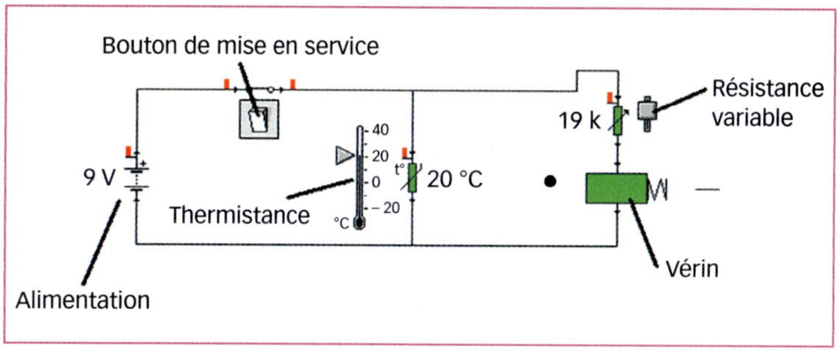

Modélisation de l'ouverture du vantail avec un vérin

1. Expliquez l'objectif de la simulation en fonction du problème posé.
2. Indiquez la valeur de la résistance permettant l'ouverture du vérin à 100 %.
3. Téléchargez les fichiers de simulation et vérifiez les résultats obtenus à l'aide du simulateur.

Exercice 4 Sécurité d'une plateforme de skateboard

Pour assurer la sécurité des pratiquants, une plateforme de skate doit supporter 800 kg sans aucune déformation.

lienmini.fr/t130-rampe
vidéo de la simulation

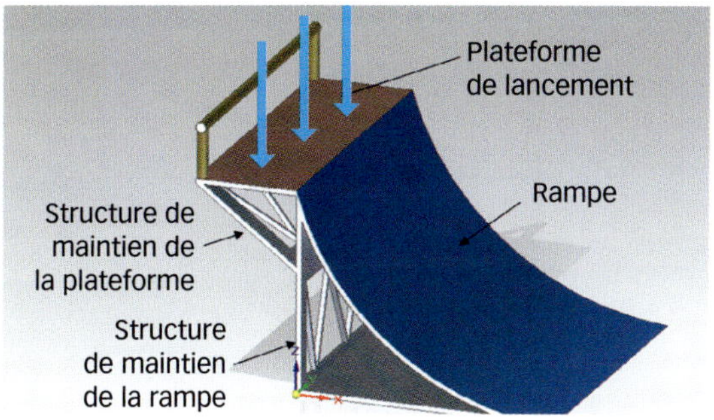

Modélisation de la rampe

1. Déterminez ce que symbolisent les trois flèches bleues sur la plateforme.
2. Téléchargez les fichiers de simulation et repérez la zone la plus soumise aux efforts.
3. Expliquez pourquoi la structure ne répond pas aux attentes.

Exercice 5 La consommation d'énergie d'une devanture de magasin

Pour réduire la consommation d'énergie d'une devanture de magasin, un système comportant une photorésistance (résistance variant en fonction de la luminosité) coupe l'éclairage lorsqu'il y a du soleil.

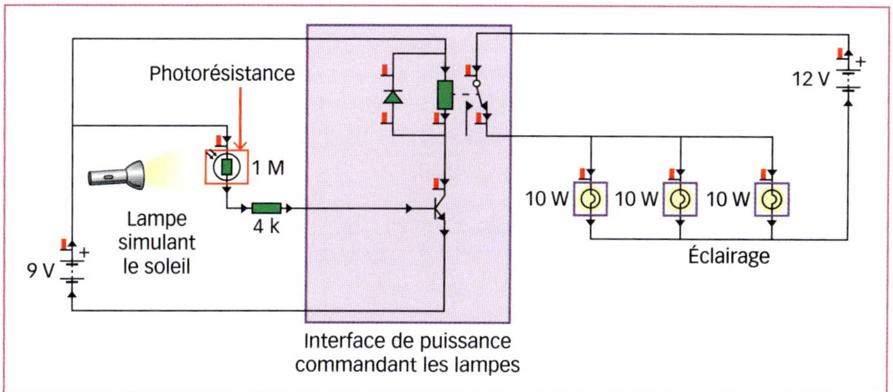

Modélisation du système d'éclairage de la devanture du magasin

1. Expliquez comment est matérialisé le soleil dans la modélisation.
2. Décrivez le rôle de la photorésistance.
3. Expliquez le principe de fonctionnement du système.

Un portail automatique

Tâche complexe

VOTRE MISSION

Johana a commandé un portail automatique coulissant s'ouvrant sur la totalité de son allée large de 4 m. Elle désire être à l'abri du regard des passants et avoir une ouverture rapide en moins de 10 secondes.

Joël est installateur, il doit vérifier si le guide du portail scellé dans le poteau ne subit pas une déformation supérieure à 5 mm. À l'aide de la solution proposée (doc. 1) et des résultats des différentes simulations (docs 2 et 3), préparez un document argumenté pour montrer à Johana que la solution technique proposée répond à sa demande.

POUR RÉUSSIR

- Je vérifie la largeur du portail et sa hauteur.
- Je vérifie la déformation du guide.
- Je calcule le temps de déplacement du portail.
- J'associe mes observations aux ressources numériques correspondantes.
- Je rédige un argumentaire montrant que le résultat de la simulation valide la solution technique retenue.

VOS RESSOURCES

lienmini.fr/t130-portail
fichiers de simulation du portail

doc. 1 Solution proposée

Description du portail
Un portail plein coulissant sur 4 mètres de large et de hauteur supérieure à 1,75 m.

Vue de la rue

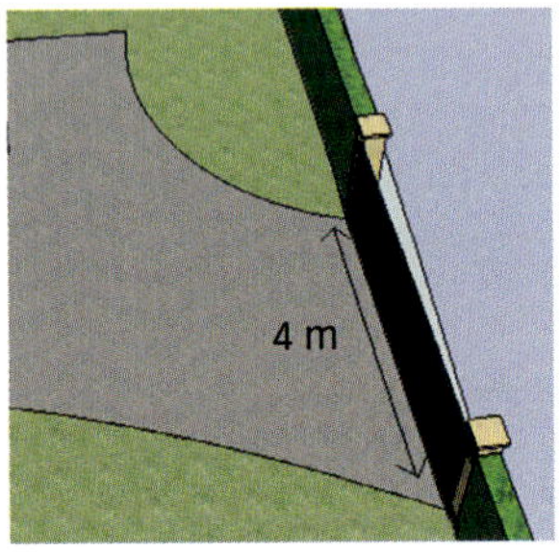

Vue de dessus

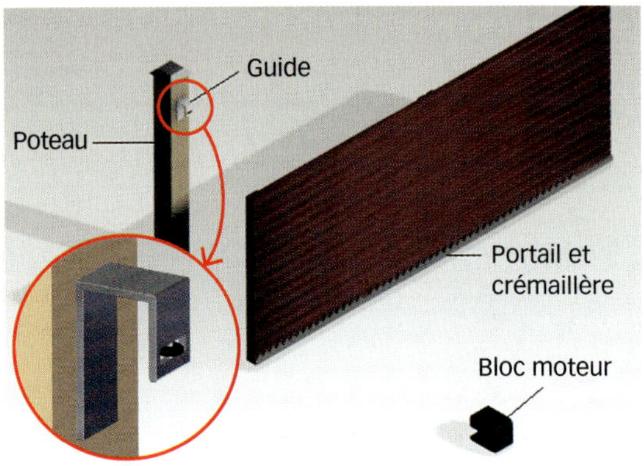

Éléments du portail

doc. 2 Résultat de la simulation de la résistance du guide du portail lors de vents violents

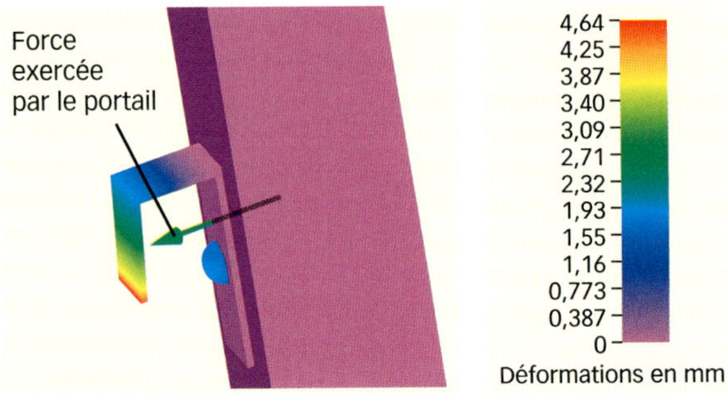

Simulation du guide

doc. 3 Résultat de la simulation de la vitesse d'ouverture du portail

Pour déterminer le temps d'ouverture du portail, il faut diviser sa largeur par la vitesse d'ouverture. La vitesse d'ouverture est indiquée par le résultat de la simulation.

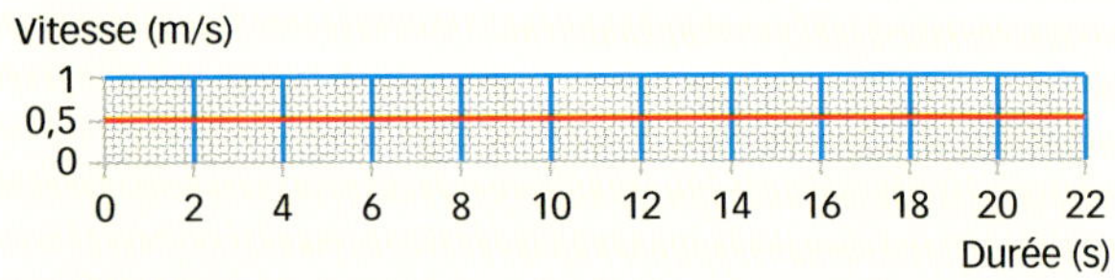

Vitesse de la crémaillère en fonction du temps (m/s)

THÈME 4
L'informatique
et la programmation

chapitre
9

Comprendre le fonctionnement d'un réseau informatique

Dans ce chapitre, vous allez apprendre à :

Comprendre le fonctionnement d'un réseau informatique
(Domaine 4 du socle)

- Observer et décrire sommairement la structure du réseau informatique d'un collège, se repérer dans ce réseau.
- Exploiter un moyen informatique diversifié dans différents points du collège.
- Simuler un protocole de routage dans une activité déconnectée.

Qu'est-ce qu'un réseau informatique ?

OBSERVER

COMPÉTENCE ASSOCIÉE
- Comprendre le fonctionnement d'un réseau informatique.

Comment est structuré un réseau informatique local ?

Situation Dans votre collège, les ordinateurs et les périphériques sont installés dans des salles différentes. On vous demande d'observer et de décrire l'architecture du réseau informatique de votre collège afin de le présenter dans le livret d'accueil des futurs élèves.

Problème Comment représenter l'architecture du réseau informatique du collège ?

doc. 1 Différents espaces informatiques d'un collège

lienmini.fr/t130-schemareseaubiblio
schéma du réseau existant de la bibliothèque

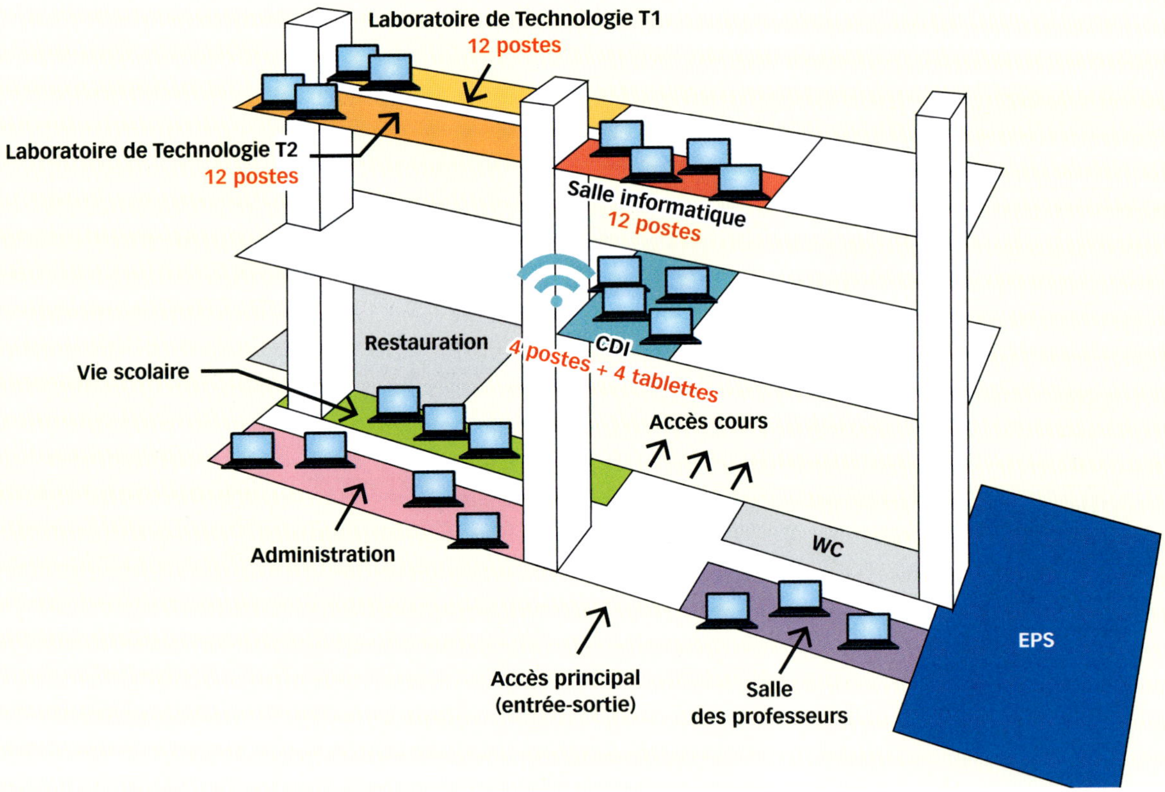

Le **réseau informatique** dédié aux élèves du collège se situe au 1er et au 2nd étage. Il est composé de quatre espaces :
– deux laboratoires de technologie équipés chacun de 12 postes fixes (P01 à P12 et P13 à P24) ;
– une salle informatique dotée de douze postes fixes (P25 à P37) ;
– un centre de documentation et d'information comprenant quatre postes fixes (P38 à P41) et de quatre tablettes (T1 à T4).

Chaque espace informatique est doté d'une imprimante réseau et d'un commutateur. L'imprimante de la salle T2 est reliée au réseau par Wi-Fi. Les tablettes du CDI sont reliées au réseau par Wi-Fi.

Réseau local
Réseau informatique limité à un espace donné (pièce, bâtiment...).

Commutateur
Équipement réseau permettant de relier plusieurs composants d'un réseau informatique à l'aide de câbles.

doc. 2 Câblage des espaces informatiques

Centre de documentation et d'information

Commutateur

Connecteur RJ45

Pour connecter à un **commutateur** les **composants** informatiques avec des câbles (liaison filaire), on utilise des **connecteurs RJ45**.

doc. 3 Représentation des composants d'un réseau informatique

Postes de travail

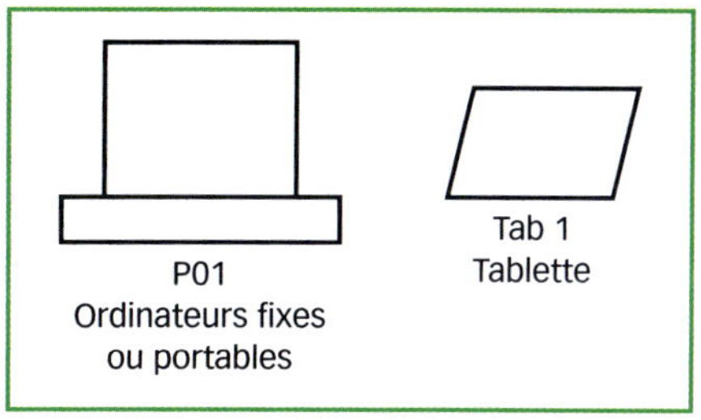

Périphériques

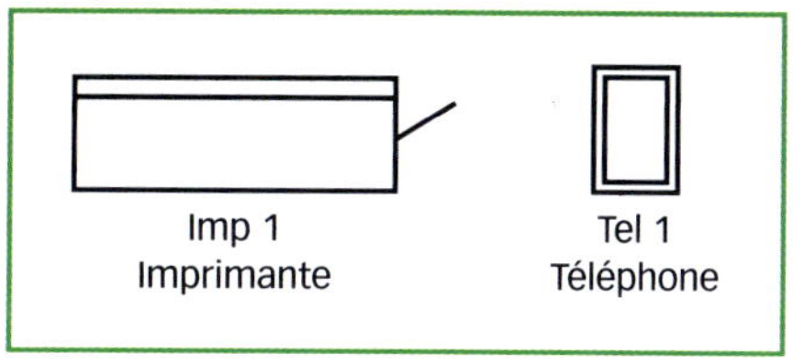

Équipements réseaux

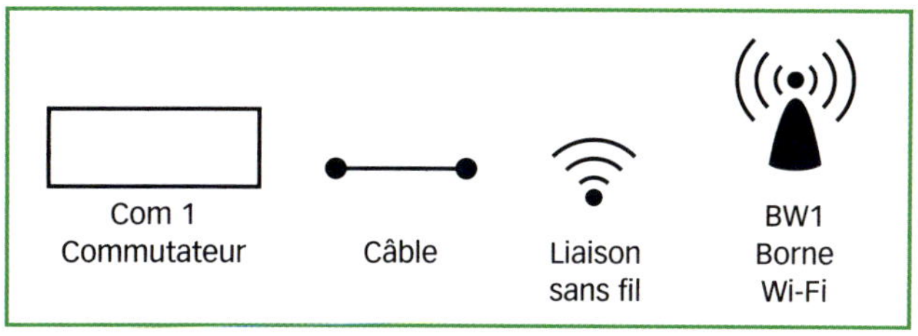

La borne Wi-Fi est reliée à un commutateur par un câble RJ45.

Chaque composant du réseau informatique porte un nom. Les postes sont nommés « P + Numéro », les imprimantes : « Imp + Numéro », les commutateurs : « Com + Numéro ».

Un commutateur supplémentaire relie entre eux les commutateurs présents dans chaque espace pour former un seul réseau local.

J'analyse la situation

1. Indiquez le nombre d'espaces qui sont reliés au réseau informatique dédiés aux élèves du collège (doc. 1).
2. Indiquez à quel composant informatique du réseau sont reliés les postes et périphériques d'un espace (docs 1 et 2).
3. Repérez la forme donnée à un commutateur dans la représentation des composants d'un réseau informatique (doc. 3).
4. Précisez par quel composant sont reliés les commutateurs des différents espaces pour former un seul réseau informatique (docs 2 et 3).
5. Repérez le nombre de commutateurs et d'imprimantes que comprend le réseau informatique dédié aux élèves du collège (doc. 1).

RÉSOUDRE

Comment est structuré un réseau informatique local ?

Méthode 1 Lister et localiser les postes informatiques d'un réseau

Un réseau informatique local est principalement constitué de postes informatiques reliés entre eux. Un tableau permet de préciser pour chaque espace, le nombre de postes informatiques et leur utilisation.

Démarche

Étape 1 Noter le nom des différents espaces qui sont reliés au réseau.

Étape 2 Préciser pour chaque espace son utilisation.

Étape 3 Repérer le nombre de postes de travail de chaque espace.

Application au réseau informatique local du collège

Établissement : Collège		
1 Nom de l'espace	2 Type d'utilisation	3 Nombre de postes
Laboratoire de technologie (T1)	Enseignement de la technologie	12
Laboratoire de technologie (T2)	Enseignement de la technologie	12
Salle informatique (S1)	Espace commun à toutes les disciplines	12
Centre de documentation et d'information (CDI)	Recherches et travaux informatiques	4 + 4
	Total	**44**

Méthode 2 Identifier les composants

Chaque espace d'un réseau informatique présente différents composants. Ils sont reliés au réseau via une connexion qui peut être filaire ou sans fil.

Conseil
Listez au brouillon les composants informatiques de chaque espace avant de concevoir le tableau.

Démarche

Étape 1 Créer un tableau pour chaque espace du réseau.

Étape 2 Identifier les différents types de composants du réseau.

Étape 3 Indiquer pour chaque composant son nom dans le réseau.

Étape 4 Préciser le rôle de chaque composant.

Étape 5 Repérer le type de connexion de chaque composant.

Application au réseau informatique local du collège

1 Espace informatique : centre de documentation et d'informations (CDI)			
2 Type de composants	3 Nom dans le réseau	4 Rôle	5 Type de connexion au réseau
Ordinateur	P38 à P41	Poste de travail	Filaire
Tablette	T1 à T4	Poste de travail	Sans fil
Imprimante	Imp4	Impression réseau	Filaire
Commutateur	Com4	Communication réseau	Filaire

Méthode 3 Représenter l'architecture d'un réseau informatique

On représente l'architecture d'un réseau informatique local à l'aide d'un **schéma**.
À chaque composant du réseau correspond un symbole et un nom.

Démarche

Étape 1 Délimiter et nommer les espaces (salles, laboratoires, bureaux, etc.) où se trouvent les composants du réseau informatique local.

Étape 2 Représenter par des symboles et nommer les composants du réseau (➤ Ressource, p. 124).

Étape 3 Relier les composants de chaque réseau local à un commutateur.

Conseil
Réalisez une esquisse au crayon de l'architecture du réseau et utilisez une représentation symbolique et unique pour chaque type de composant.

Application au réseau informatique local du collège

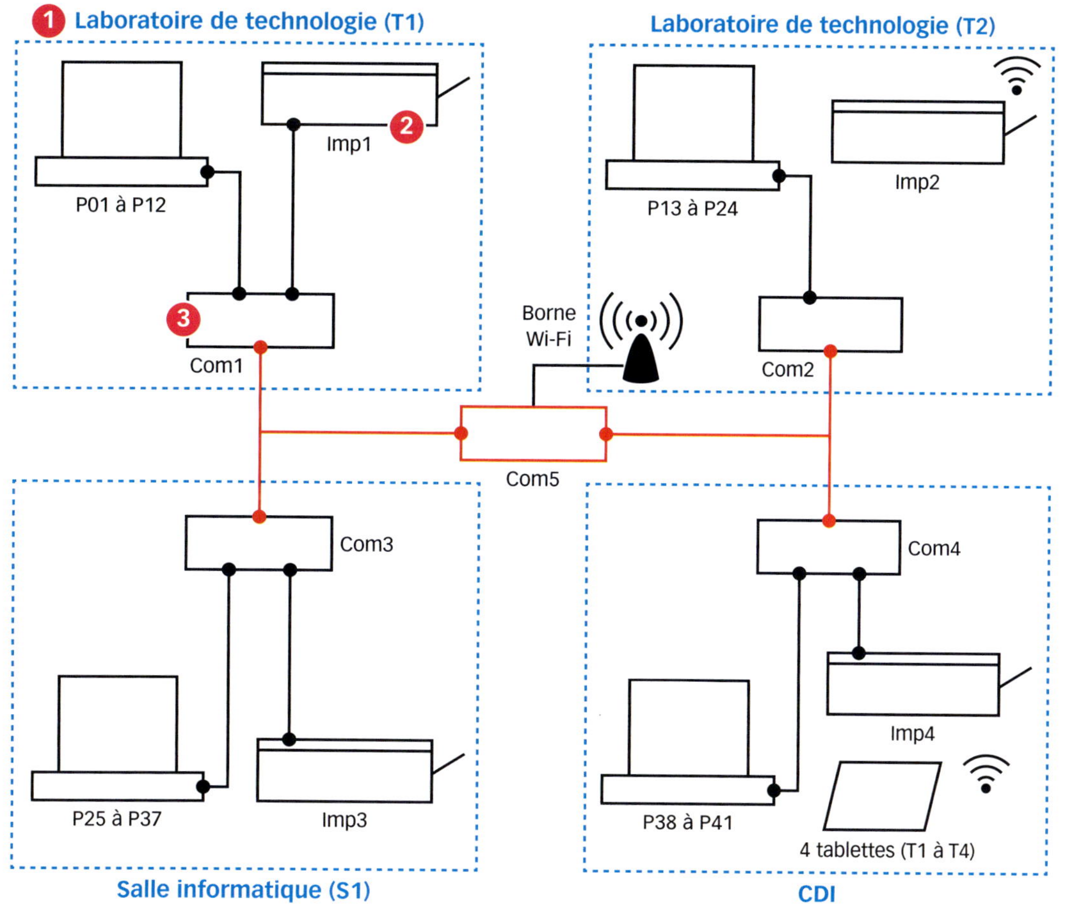

P : Poste, T : Tablette, Imp : Imprimante, Com : Commutateur, Câble (connexion filaire), Borne Wi-Fi (Connexion sans fil)

Je vérifie que j'ai bien compris la méthode

1. Indiquez les rubriques du tableau utilisé pour lister et localiser les postes informatiques d'un réseau. ▸ Méthode 1

2. Identifiez les deux possibilités de connexion des composants informatiques dans un réseau. ▸ Méthode 2

3. Listez les symboles permettant de représenter l'architecture d'un réseau informatique local. ▸ Méthode 3

Mini-projet

Par groupe, réalisez le schéma du réseau informatique dédié aux élèves de votre collège.

APPRENDRE

Je retiens

Les composants d'un réseau

Un réseau informatique local est constitué de composants informatiques reliés entre eux.

Le commutateur est un équipement réseau qui relie les composants d'un même espace. Un **commutateur** supplémentaire relie chaque commutateur des différents espaces pour former un seul réseau.

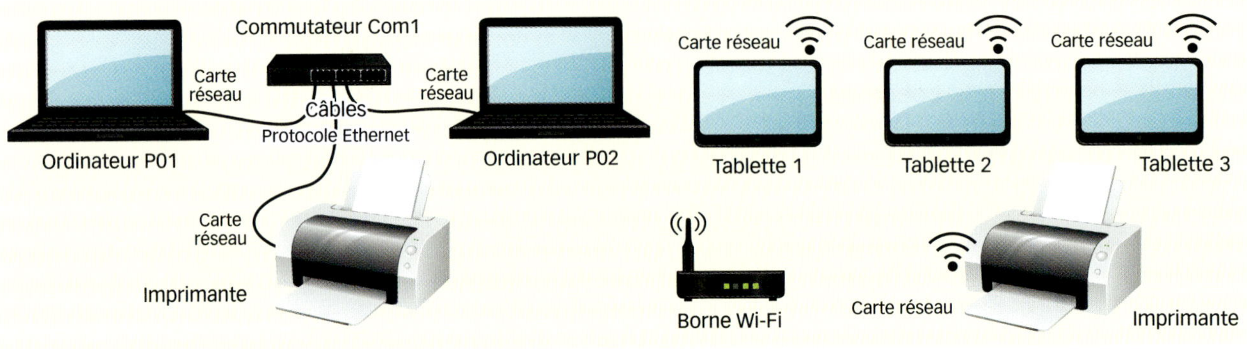

Réseau formé de deux ordinateurs fixes, trois tablettes et deux imprimantes

L'architecture d'un réseau local

Les composants d'un réseau informatique sont reliés des moyens de connexion filaires (câbles équipés de prises RJ45, fibre optique) ou sans fil (borne Wi-Fi, Bleuetooth…).

On représente l'architecture d'un réseau local à l'aide d'un schéma où chaque composant a un symbole et un nom.

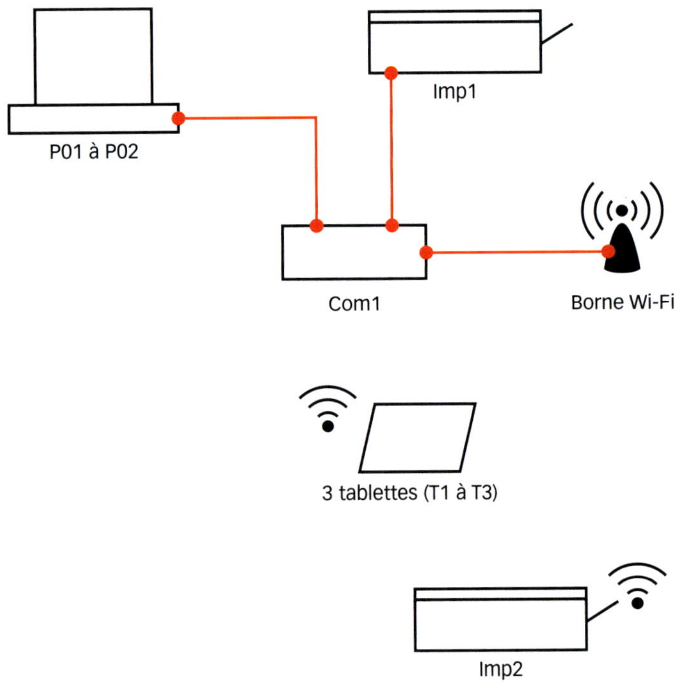

Architecture d'un réseau formé de deux ordinateurs fixes, trois tablettes et deux imprimantes

Définitions

Moyens de connexion
Les composants d'un réseau informatique sont reliés par des moyens filaires (câbles électriques, fibre optique) ou des ondes électromagnétiques (Wi-Fi, Bluetooth…).

Architecture d'un réseau local
Ensemble d'ordinateurs interconnectés dans un même espace (habitation, collège, entreprise, etc.) afin de faire circuler les informations entre eux.

Je sais faire

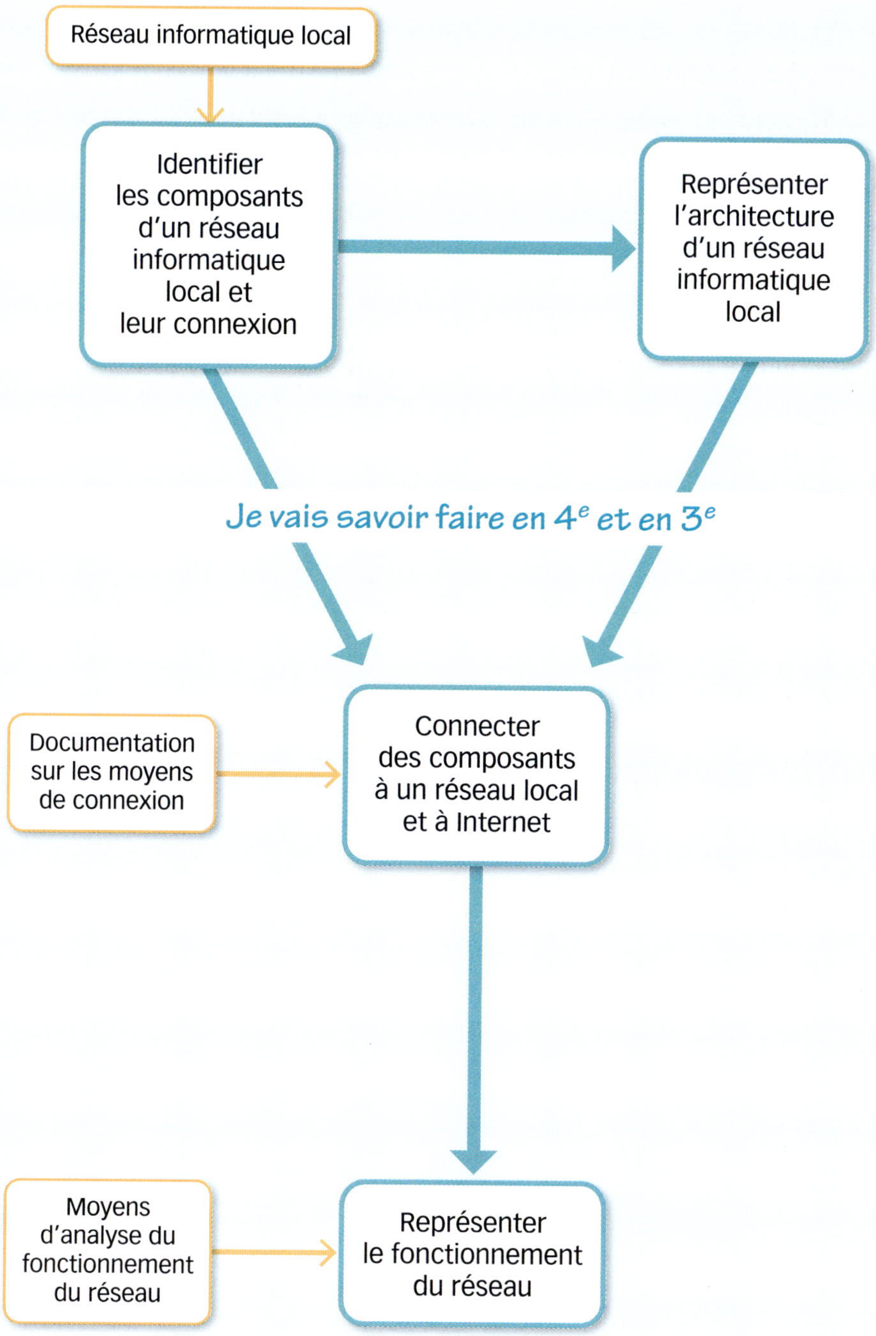

J'ai appris à

Comprendre le fonctionnement d'un réseau informatique		
Observer et décrire sommairement la structure du réseau informatique d'un collège, se repérer dans ce réseau.		
Exploiter un moyen informatique diversifié dans différents points du collège.		
Simuler un protocole de routage dans une activité déconnectée.		

S'ENTRAINER

COMPÉTENCES TRAVAILLÉES
- Comprendre le fonctionnement d'un réseau informatique (ex. 2, 3, 4 et 5).

Je vérifie mes connaissances

lienmini.fr/t130-qcm91

Exercice 1

1. Un réseau informatique local regroupe des ordinateurs :
a. éloignés géographiquement.
b. reliés au sein d'un même espace.
c. qui ont accès à Internet.

2. Un commutateur permet de relier :
a. plusieurs composants informatiques.
b. un composant informatique à Internet.
c. d'accéder à un ordinateur à l'aide du réseau Wi-Fi.

3. Une borne Wi-Fi permet de connecter des composants informatiques au réseau local :
a. par fibre optique.
b. sans fil.
c. par un câble RJ45.

4. Une borne Wi-Fi est connectée au réseau local :
a. par fibre optique.
b. sans fil.
c. par un câble RJ45 relié à un commutateur.

5. Un réseau peut être représenté par :
a. un tableau de l'ensemble des composants du réseau.
b. une photo des ordinateurs.
c. un schéma réalisé à l'aide du symbole des composants du réseau.

6. L'architecture d'un réseau désigne :
a. le plan de la salle où est installé le réseau local.
b. l'ensemble des composants d'un réseau et la manière dont ils sont connectés.
c. la liste des composants d'un réseau et leurs caractéristiques techniques.

J'utilise mes compétences

Exercice 2 Le réseau local d'une entreprise

Aidez-vous, pour répondre aux questions, des symboles présentés dans la **Ressource**, Réseaux informatiques, p. 124.

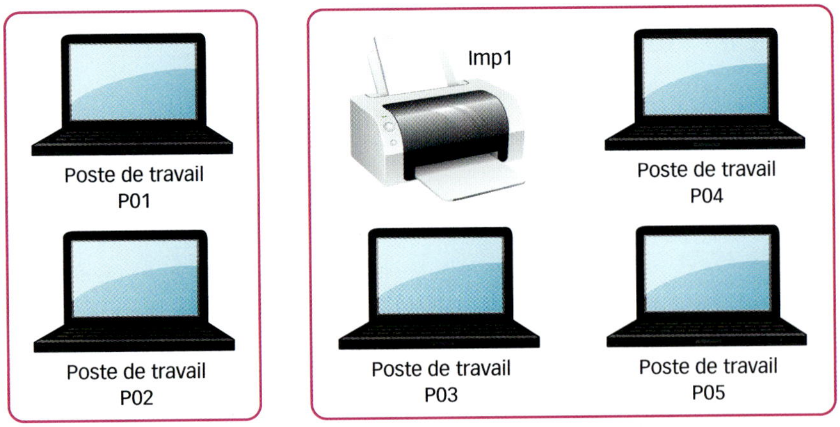

Atelier **Administration**

1. Réalisez le schéma du réseau des espaces « Atelier » et « Administration ».
2. Complétez le schéma réalisé pour que ces deux espaces constituent un même réseau local.

Exercice 3 Les composants d'un réseau familial et leurs connexions

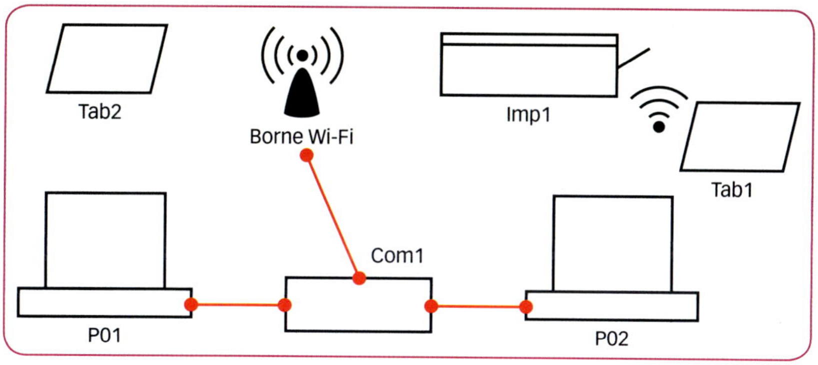

Composants du réseau

1. Repérez le nombre de postes de travail qui sont reliés au réseau.
2. Précisez le nombre de composants informatiques qui utilisent une liaison sans fil.
3. Classez les composants de ce réseau en trois catégories : les postes de travail, les équipements réseaux et les périphériques. (➤ **Ressource**, Composants d'un réseau informatique, p. 124)

Exercice 4 L'architecture du réseau d'un office du tourisme

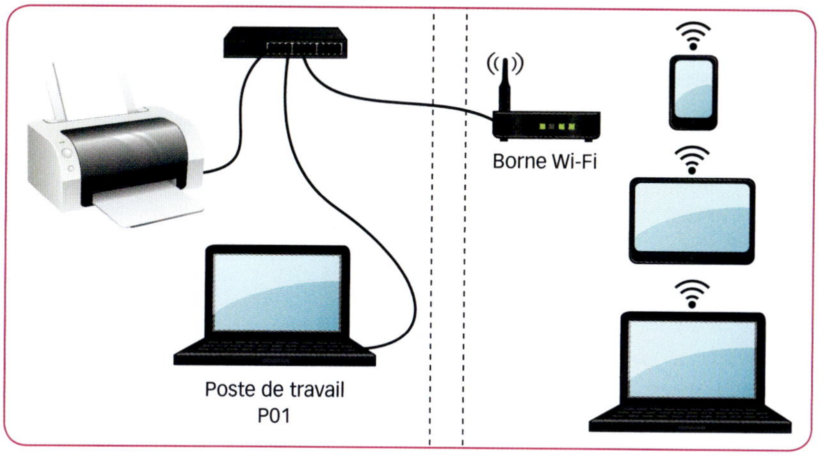

Office de tourisme **Zone d'accès libre**

Un office de tourisme dispose d'une zone d'accès libre pour que les touristes puissent se connecter au réseau Wi-Fi.

1. Précisez le type des composants informatiques qui accèdent au réseau Wi-Fi.
2. Déterminez le rôle de la borne Wi-Fi.
3. Indiquez le rôle du commutateur dans ce réseau informatique local.
4. Dessinez le schéma de ce réseau (➤ **Ressource**, Composants des réseaux informatiques, p. 124)

Exercice 5 L'architecture du réseau du club de natation

Un club de natation possède un réseau informatique avec les composants suivants.

Composant	Nom	Rôle	Type de connexion
Ordinateur portable	P1 et P2	Poste de travail	Sans fil Wi-Fi
Commutateur	Com 1	Communication réseau	Câble
Borne Wi-Fi	BW1	Communication réseau	Câble ou Sans fil Wi-Fi
Imprimante	Imp1	Impression	Câble
Tablette	Tab1	Appareil nomade	Sans fil Wi-Fi

Espace informatique : bureau

1. Précisez le nombre de composants qui sont reliés par câble à ce réseau informatique local.
2. Dessinez le schéma du réseau informatique local de cette entreprise à l'aide des symboles présentés page 124.
3. Indiquez si les utilisateurs d'une tablette peuvent utiliser l'imprimante. Justifiez votre réponse.

Tâche complexe

L'architecture du réseau informatique du collège

VOTRE MISSION

Le CDI d'un collège possède un espace de travail composé de six postes informatiques reliés en réseau. Un second espace de travail sera bientôt équipé. Avec votre classe, vous allez réfléchir au meilleur moyen de relier ces deux espaces pour former un seul et même réseau.

POUR RÉUSSIR

- Je fais l'inventaire du matériel des deux espaces sous forme d'un tableau.
- Je trace le schéma de l'architecture de l'ensemble des deux espaces du réseau du CDI en reportant le nom des équipements.

lienmini.fr/t130-schemareseaucollege

VOS RESSOURCES

doc. 1 Représentation du réseau existant

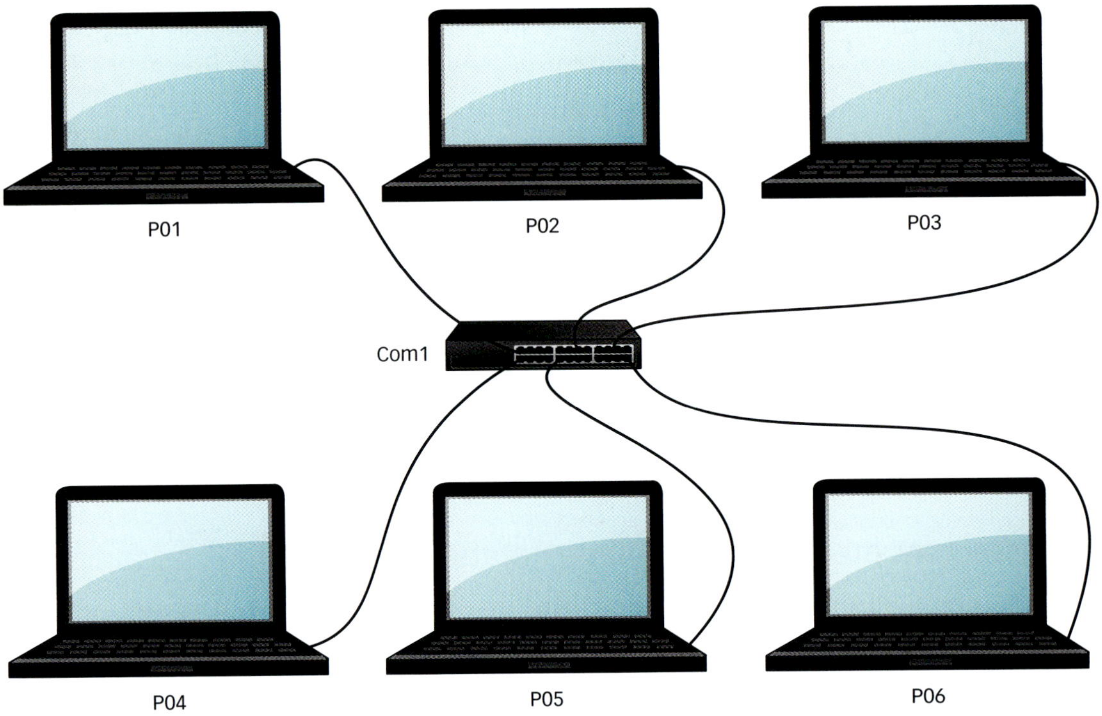

doc. 2 Commande d'équipements pour le second espace

Composant	Nombre	Nom	Rôle	Type de connexion
Ordinateur fixe	3	P07 à P09	Poste de travail	Filaire (Ethernet)
Ordinateur portable	3	P10 à P12	Poste de travail	Sans fil Wi-Fi
Imprimante	1	Imp1	Impression réseau	Filaire (Ethernet)
Commutateur	2	Com2 et Com 3	Communication réseau	Filaire (Ethernet)
Borne Wi-Fi	1	W1	Communication réseau	Sans fil Wi-Fi

THÈME 4
L'informatique et la programmation

chapitre 10

Algorithmique et programmation

Dans ce chapitre, vous allez apprendre à :

Pratiquer des langages
(Domaine 1 du socle)

- Appliquer les principes élémentaires de l'algorithmique et du codage à la résolution d'un problème simple.

Mobiliser des outils numériques
(Domaine 2 du socle)

- Piloter un système connecté localement ou à distance.
- Modifier ou paramétrer le fonctionnement d'un objet communicant.

Concevoir, créer, réaliser
(Domaine 4 du socle)

- Imaginer, concevoir et programmer des applications informatiques pour des appareils nomades.

Comment programmer un robot pour qu'il effectue précisément une tâche donnée ?

OBSERVER

Comment modifier un programme ?

COMPÉTENCES ASSOCIÉES
- Écrire un programme dans lequel des actions sont déclenchées par des évènements extérieurs.
- Écrire, mettre au point (tester, corriger) et exécuter un programme commandant un système réel et vérifier le comportement attendu.

Situation Le robot Kiva déplace des étagères contenant les produits à livrer.

Son programme actuel ne prévoit pas qu'il s'arrête devant les préparateurs de commande. Il faut modifier le programme afin qu'ils vérifient que tous les produits à livrer sont présents sur l'étagère.

Après vérification, le préparateur appuiera sur un bouton pour que le robot finisse son trajet jusqu'à la zone d'expédition. À son arrivée, il émettra un signal sonore.

Vous êtes chargé(e) de chercher une solution et de la tester sur une maquette de robot.

Problème Comment modifier le programme de déplacement et l'implanter dans le robot ?

doc. 1 Robot déplaçant des étagères

Le déplacement du robot est assuré par deux roues motrices, actionnées par deux moteurs indépendants.

Déplacement des étagères à l'aide du robot Kiva

doc. 2 Composants de la maquette

Carte programmable

Moteur

Buzzer

Carte Bluetooth

doc. 3 Programme actuel du robot

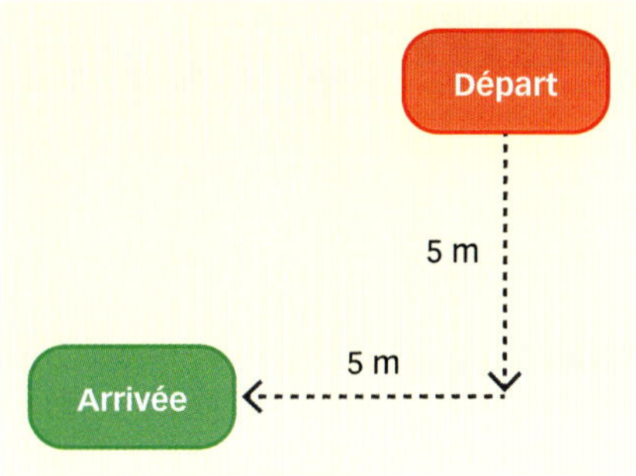

Schéma du déplacement du robot

Avancer sur 5 mètres
Tourner à droite
Avancer sur 5 mètres
Arrêter
Émettre un signal

Algorithme du déplacement

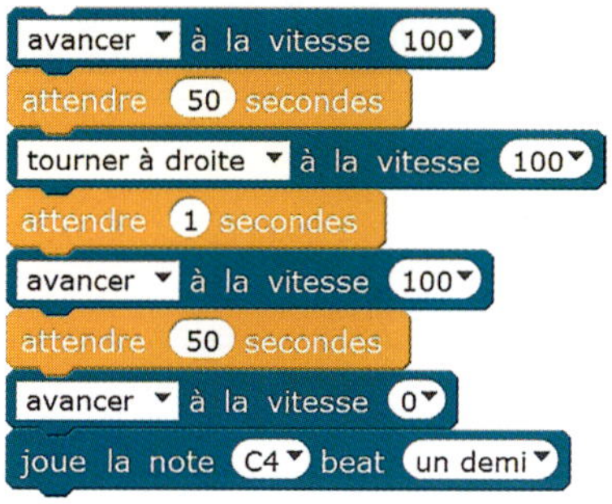

Programme « Déplacement »

La vitesse de déplacement est affichée par une valeur comprise entre 0 et 255.
Pour parcourir 1 mètre, le moteur doit fonctionner pendant 10 secondes à la vitesse 100.

COUP DE POUCE

L'algorithme se différencie du programme car les instructions sont compréhensibles par n'importe qui.

doc. 4 Nouvelle procédure de déplacement

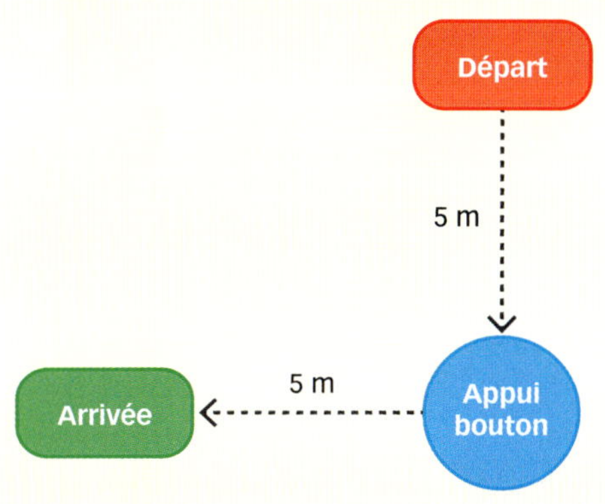

Bouton-poussoir

Le bouton-poussoir doit être relié à la carte programmable du robot.

doc. 5 Connexions pour téléverser le programme dans le robot

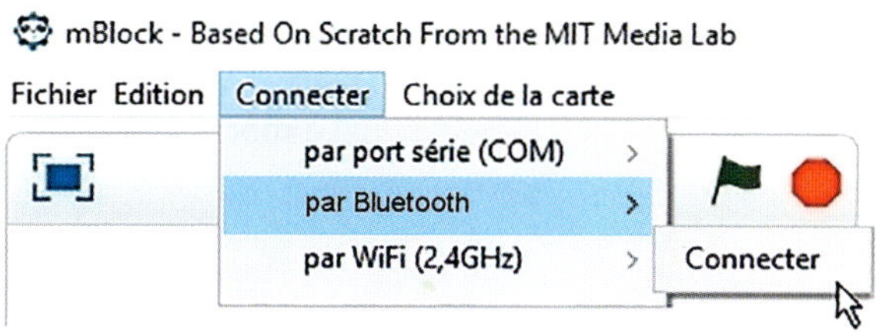

Téléverser un programme
Action qui consiste à transférer un programme depuis un ordinateur pour l'implanter dans un autre support, ici la mémoire du robot.

J'analyse la situation

1. Indiquez la fonction principale du robot Kiva (doc. 1).
2. Expliquez le problème posé par le déplacement actuel du robot (Situation et doc. 3)
3. Relevez les valeurs que prend la vitesse des moteurs dans le programme « Déplacement » (doc. 3).
4. Précisez la durée de fonctionnement des moteurs qui correspond à un déplacement de 5 mètres (doc. 3).
5. Repérez la principale différence entre le déplacement actuel du robot et celui qui est souhaité (docs 3 et 4).
6. Listez les trois possibilités de connexion entre l'ordinateur et la carte programmable du robot (doc. 5).

Comment modifier un programme ?

Méthode 1 Associer les composants du système à un bloc d'instruction

Pour programmer un **système embarqué**, il faut identifier ses **composants** et leurs caractéristiques ainsi que les **blocs d'instruction** à disposition dans le logiciel de programmation.

Démarche

Étape 1 Identifier les composants du système à programmer.

Étape 2 Rechercher et noter les caractéristiques de fonctionnement des composants.

Étape 3 Repérer, dans le logiciel de programmation du système embarqué, les blocs d'instruction qui correspondent aux composants du système.

Conseil
Lorsque les caractéristiques de fonctionnement ne sont pas fournies dans la documentation technique de l'objet étudié, faites une recherche documentaire sur Internet.

Application au robot Kiva

Composants 1	Caractéristiques de fonctionnement 2			Blocs d'instruction 3
Moteur 	Le robot avance. Puissance = 100	Le robot est arrêté. Puissance = 0	Le robot recule. Puissance = 100	avancer à la vitesse 100 reculer à la vitesse 100
Buzzer 	Choix de la note	Choix de la durée de la note		joue la note C4 beat un demi
Bouton 	Bouton 1 Connexion physique			bouton Port3 key1 pressé

Tableau des caractéristiques et des blocs d'instruction de programmation d'un robot

Méthode 2 Modifier un programme

Avant de modifier le programme d'un système embarqué, il faut réfléchir au problème à résoudre à l'aide d'un **algorithme**. Chaque nouvelle instruction de l'algorithme est traduite et transposée dans le **programme** initial.

Démarche

Étape 1 Modifier ou compléter l'algorithme pour répondre au besoin.

Étape 2 Modifier ou compléter le programme en insérant des blocs d'instruction spécifiques au système à programmer.

Conseil
Lorsque vous définissez un algorithme, il faut qu'il soit écrit dans un langage compréhensible par tous.

lienmini.fr/t130-tutomblock
tutoriel mBlock

Application au robot Kiva

Avancer sur 5 mètres

Tourner à droite

Arrêter

Attendre pression sur le bouton 1

Avancer sur 5 mètres

Arrêter

Émettre un signal

Algorithme : déplacement modifié

❶ → ❷

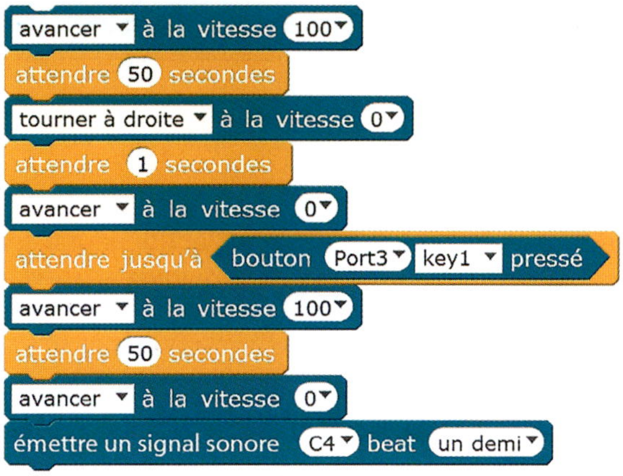

Programme : déplacement modifié

Méthode 3 Implanter un programme

Pour exécuter et tester un programme, il faut l'**implanter** dans le système. Pour cela, on utilise les **fonctions** de **connexion** et de **téléversement** (chargement) du logiciel fourni avec le système.

Démarche

Étape 1 Repérer le mode de transmission disponible dans le système embarqué (USB, Bluetooth, Wi-Fi, etc.).

Étape 2 Connecter le système à la machine (ordinateur, tablette) où se trouve le programme.

Étape 3 Téléverser le programme dans la mémoire du système embarqué.

Étape 4 Tester le comportement du système en situation réelle.

Application au robot Kiva

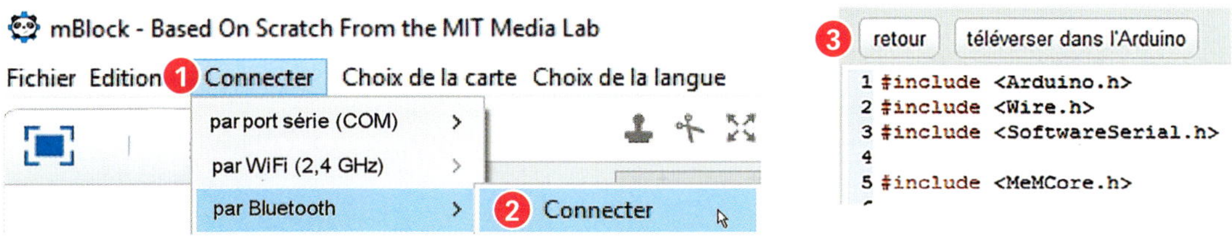

Choix du type de connexion entre un robot et l'ordinateur pour téléverser le programme.

Je vérifie que j'ai bien compris la méthode

1. Indiquez le composant qui a été ajouté pour permettre aux préparateurs de commandes de vérifier les produits et d'autoriser la fin du parcours du robot. ▸ **Méthode 1**
2. Indiquez sur quel port (connecteur) est branché le bouton poussoir. ▸ **Méthodes 1 et 2**
3. Indiquez le mode de connexion sélectionné. ▸ **Méthode 3**

Mini-projet

Les préparateurs de commandes ont déplacé leur point de contrôle à 2,5 m de l'arrivée. Par groupes de deux, modifiez l'algorithme et le programme du robot pour intégrer cette nouvelle contrainte.

APPRENDRE

Je retiens

La programmation et le pilotage à distance

Pour programmer un système embarqué, il est nécessaire d'identifier ses différents composants (carte programmable, capteurs, actionneurs), leurs caractéristiques de fonctionnement et les instructions disponibles.

Carte programmable UNO

Carte programmable Mega

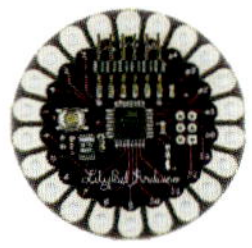

Carte programmable LILYPAD

Carte programmable mCore

Bouton-poussoir

Moteur

Buzzer

L'écriture d'un programme

Pour écrire le programme d'un système embarqué, il est préférable dans un premier temps de réfléchir au problème à résoudre (évènement et comportement attendu du système) à l'aide d'un algorithme.

Programme « Déplacement »

L'implantation et la mise au point d'un programme

Pour exécuter et tester un programme, il faut l'implanter dans le système. Pour cela, on utilise les fonctions de connexion et de chargement (téléversement) du logiciel fourni avec le système.

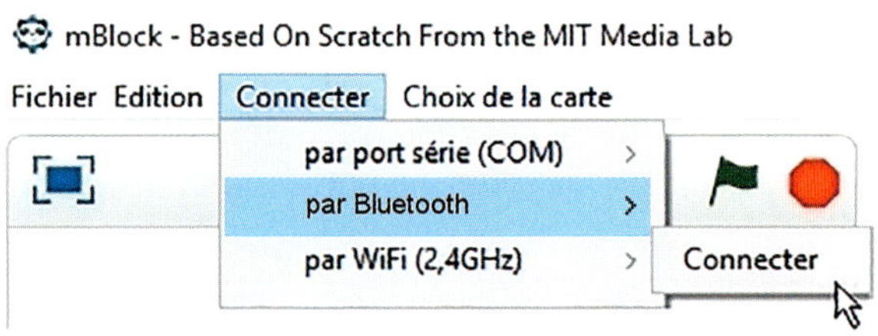

Le choix d'une connexion pour téléverser un programme

Définitions

Système embarqué
Système programmable intégré à un système mobile (robots, drones).

Capteur
Composant qui envoie une information au programme d'un système.

Actionneur
Composant qui agit sur un système pour modifier son comportement.

Programme
Suite d'instructions qui déterminent le comportement d'un objet technique.

Algorithme
Suite d'instructions qui permettent de résoudre un problème ou de définir le comportement d'un système.

Évènement
Information provenant d'un capteur ou saisie par l'opérateur (clic de souris, bouton…).

Je sais faire

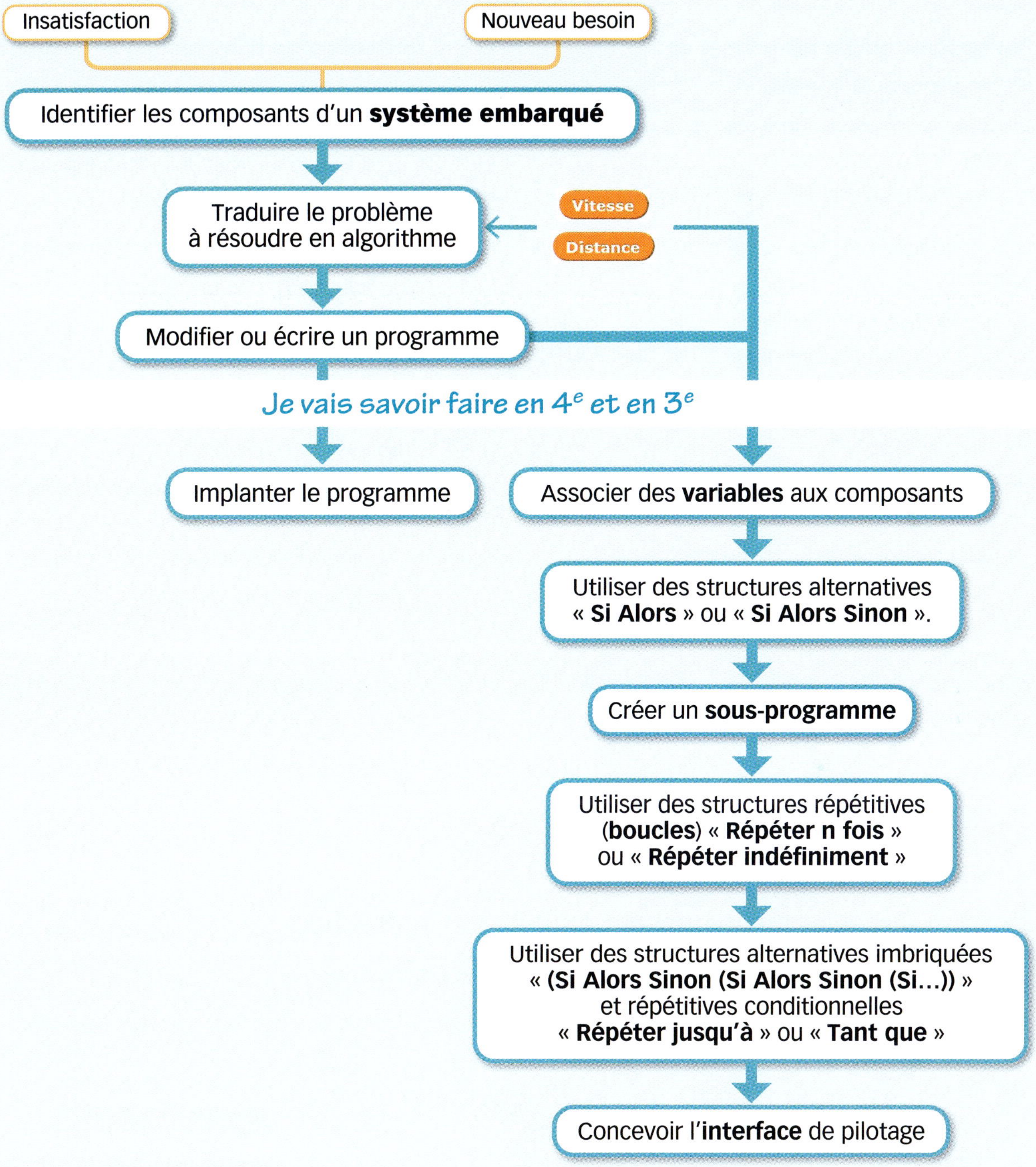

J'ai appris à

	😐	😄
Appliquer les principes élémentaires de l'algorithmique et du codage à la résolution d'un problème simple.		
Piloter un système connecté localement ou à distance.		
Modifier ou paramétrer le fonctionnement d'un objet communicant.		
Imaginer, concevoir et programmer des applications informatiques pour des appareils nomades.		

S'ENTRAINER

COMPÉTENCES TRAVAILLÉES

- Piloter un système connecté localement ou à distance (ex. 2 et 3).
- Appliquer les principes élémentaires de l'algorithmique à la résolution d'un problème (ex. 4).

Je vérifie mes connaissances

lienmini.fr/t130-qcm101

Exercice 1

1. Un système embarqué permet de :

a. programmer un logiciel.

b. contrôler et piloter un système ou un objet connecté.

c. de simuler la résistance d'un matériau.

2. Un algorithme est une suite d'instructions qui permet :

a. d'activer des évènements.

b. de résoudre un problème et ou de définir le comportement d'un système.

c. d'assembler des blocs d'instruction.

3. Un programme est composé :

a. d'une ou plusieurs séquences d'instructions.

b. de plusieurs langages de programmation.

c. de différents capteurs.

4. Une séquence d'instruction correspond à :

a. la réception d'un message.

b. la création d'une variable.

c. une suite d'instructions indépendante dans un programme.

5. Un programme commence généralement par :

a. le traitement d'informations.

b. l'affichage de calculs.

c. un évènement déclencheur.

6. L'implantation d'un programme dans la mémoire d'un système nécessite :

a. une liaison entre le système embarqué et l'ordinateur.

b. la saisie d'informations.

c. la déclaration de variables.

J'utilise mes compétences

Exercice 2 Associer un composant à un bloc d'instruction

Associez à chaque composant l'instruction qui permet de le programmer.

1. Bouton-poussoir

2. Moteur

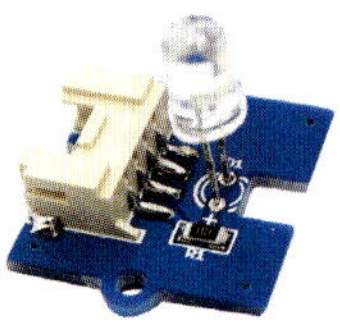

3. DEL

4. Capteur ultrason

5. Buzzer

6. Détecteur de température

A joue la note C4 beat un demi

B température mesurée sur le Port3 Slot1 en °C

C bouton Port3 Key1 pressé

D activer le moteur M1 à la puissance 0

E Mettre la DEL de la carte tout red 0 green 0 blue 0

F distance mesurée par le capteur ultrasons du Port3

Exercice 3 La tondeuse à gazon autonome

La tondeuse à gazon R70 LI a 2 roues motrices et des capteurs qui détectent les obstacles à contourner. Elle retourne seule à la station de charge. Elle est programmable à distance avec un smartphone.

lienmini.fr/t130-tondeuse
vidéo de présentation de la tondeuse

Tondeuse à gazon autonome

1 Interrupteur principal
2 Bouton STOP
3 LED de fonctionnement du câble périphérique et du câble guide
4 Indication de la hauteur de coupe
5 Écran d'affichage
6 Clavier

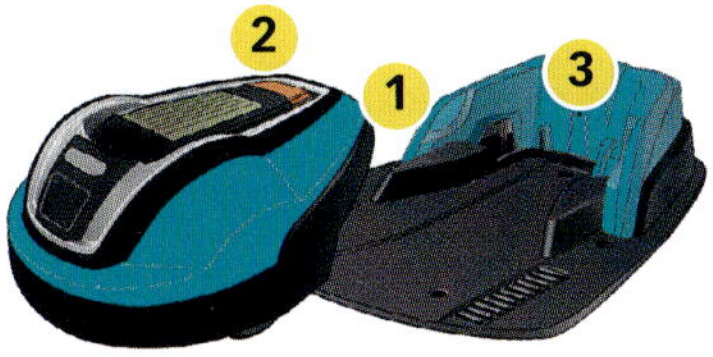

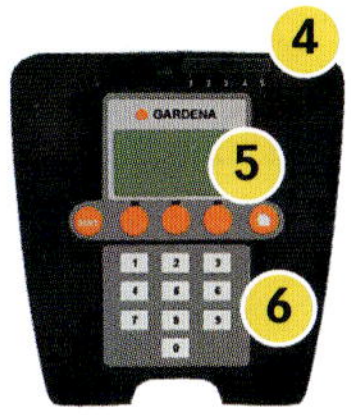

Caractéristiques techniques

Composant	Caractéristique de fonctionnement	Bloc d'instruction spécifique
Deux moteurs électriques	Vitesse	avancer à la vitesse 100
Écran d'affichage	7 lignes d'affichage	sur le 7 segments du Port1 afficher 100
Bouton STOP	Arrêt d'urgence	bouton Port3 key1 pressé
Détecteur d'obstacles		distance mesurée par le capteur ultrasons du Port3

1. Déterminez la fonction principale de ce robot.
2. Repérez les éléments qui constituent la structure du robot.
3. Imaginez le comportement du robot lorsqu'il détecte un obstacle.
4. Repérez le bloc d'instruction qui permet de détecter un obstacle.

Exercice 4 Le parcours d'un aspirateur programmable

Le programme de test d'un aspirateur suit un parcours type.
Il démarre du point A pour aller vers le point B.

lienmini.fr/t130-aspirateur
programme du parcours de l'aspirateur

Aspirateur programmable	Parcours type	Extrait algorithme test	Extrait programme test
	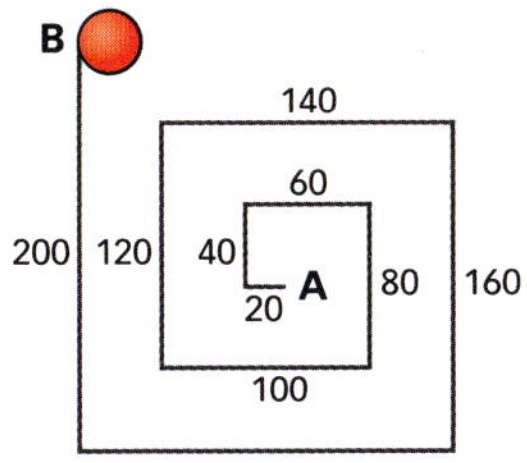	Avancer de 20 cm Tourner de 90 degrés vers la droite Avancer de 40 cm	avancer de 20 tourner ↻ de 90 degrés avancer de 40 tourner ↻ de 90 degrés

1. Repérez le nombre de fois où l'aspirateur change de direction durant le parcours type.
2. Déterminez la longueur de la dernière séquence de déplacement du parcours type ainsi que la distance totale parcourue par l'aspirateur à la fin du test.
3. Complétez sur une feuille de papier l'algorithme du parcours type.
4. Lancez le logiciel Scratch, téléchargez et ouvrez le fichier aspirateur. Complétez le programme pour que l'objet « Aspirateur » affiche le parcours type.

VOTRE MISSION

Programmer le déplacement d'un robot

Célestine doit mettre à jour le programme d'un robot suivant un nouveau parcours à réaliser. Le robot se déplace grâce à deux moteurs. Il avance par défaut à la vitesse 100 pendant un temps fixé en seconde. Il tourne à droite ou à gauche à la vitesse 100 et s'arrête à la vitesse 0.

POUR RÉUSSIR

- J'identifie les composants du système et les blocs d'instruction à programmer qui permettent de piloter le robot.
- Je complète l'algorithme et le programme du nouveau parcours.
- Je choisis le type de connexion adapté au téléchargement d'un programme.

VOS RESSOURCES

doc. 1 Nouveau parcours à programmer

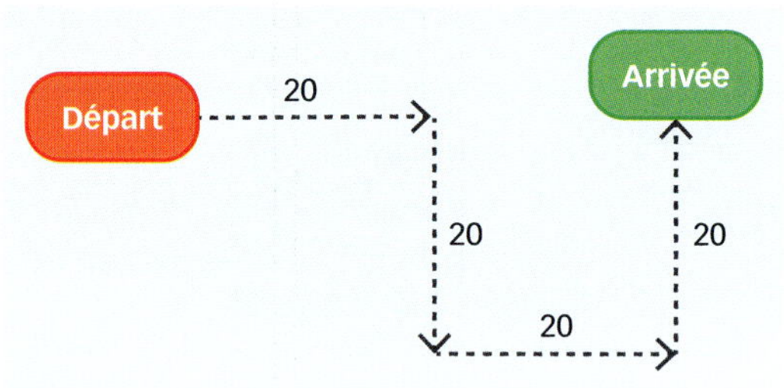

doc. 2 Composants du système

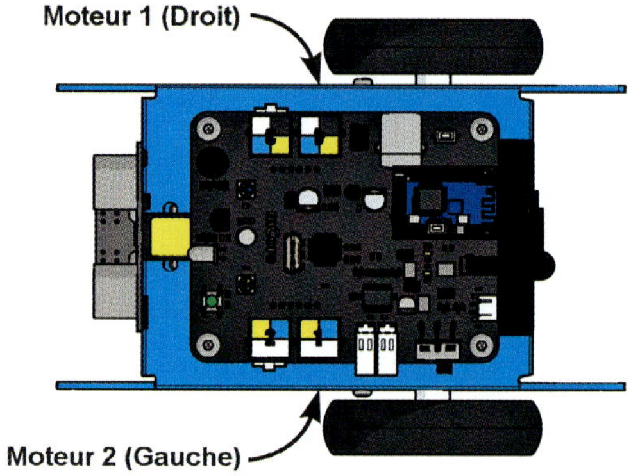

doc. 3 Blocs d'instruction spécifiques

doc. 4 Nouvel algorithme de déplacement

Avancer à la vitesse 100 pendant 2 secondes

Tourner à droite à la vitesse 100 pendant 1 seconde

doc. 5 Programme de déplacement actuel

doc. 6 Connexion

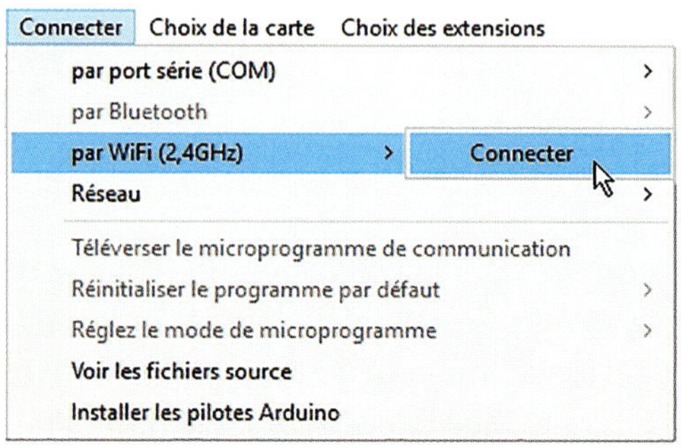

Modes de connexion disponibles pour téléverser le programme

Les évolutions

1 Les matériaux

Les matériaux dans la Préhistoire

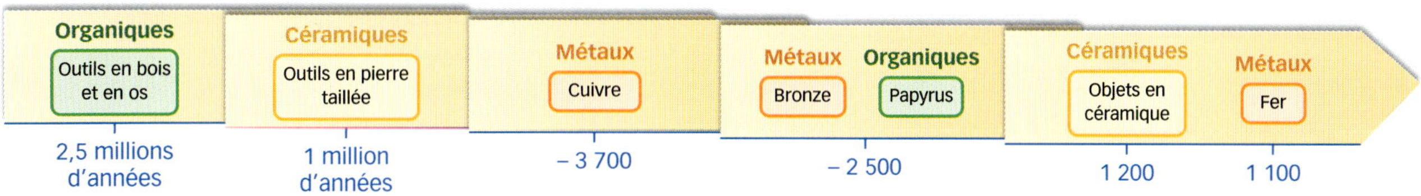

Les matériaux du XVIIIe au XXe siècle

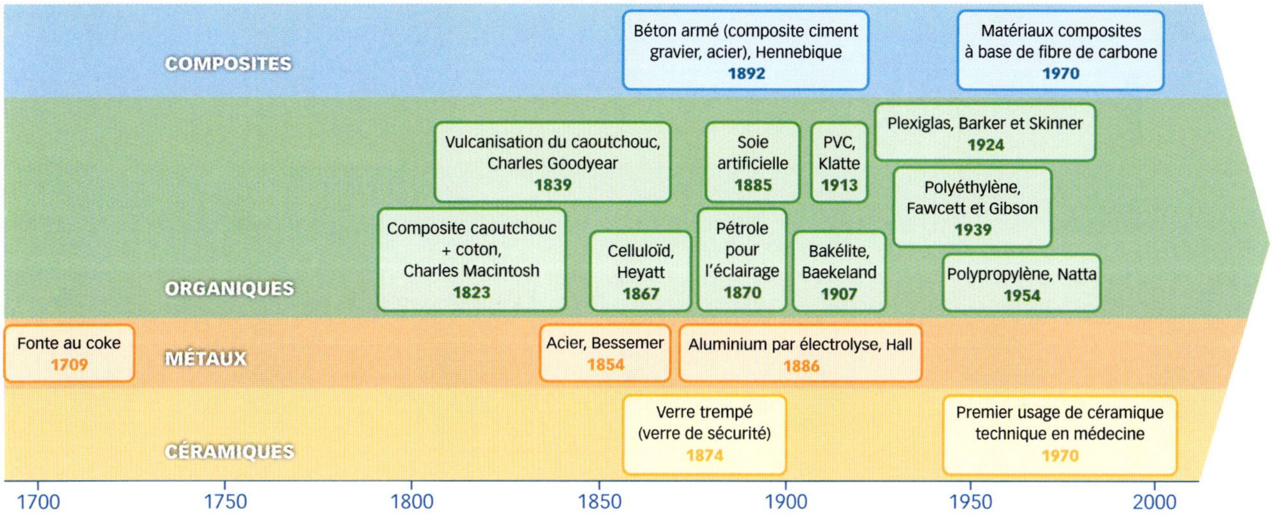

2 L'usage de l'énergie motrice

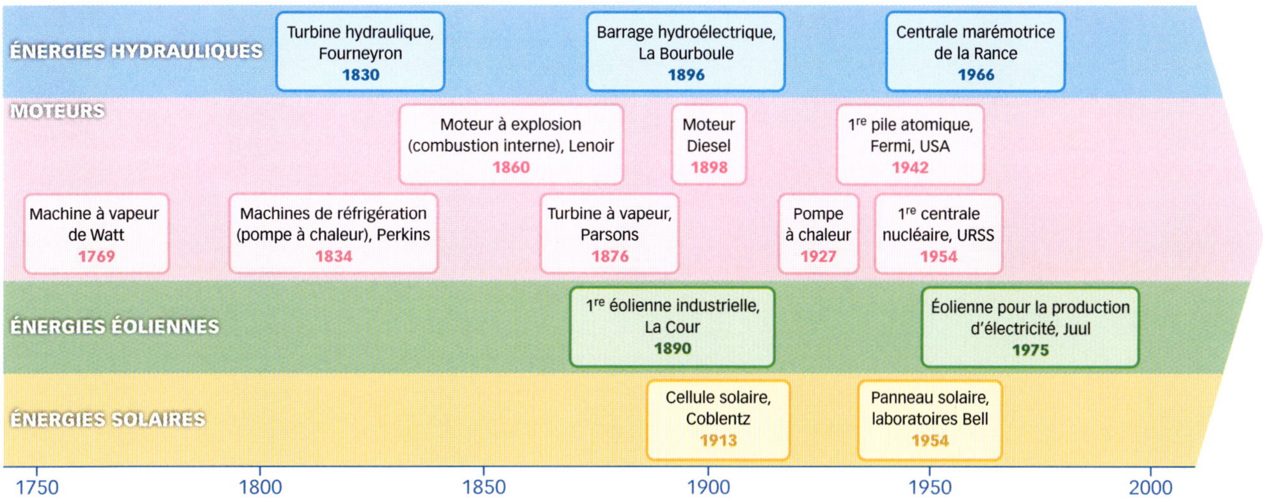

3 L'usage de l'électricité : l'éclairage

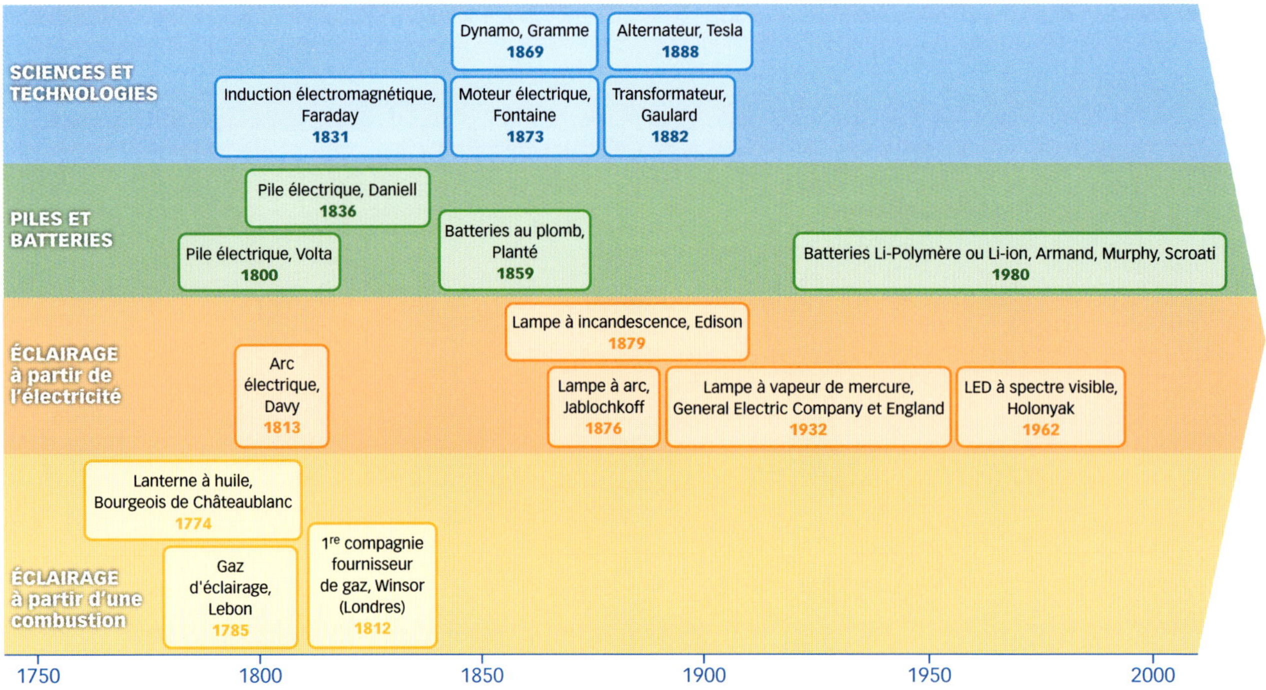

4 Les systèmes mécaniques

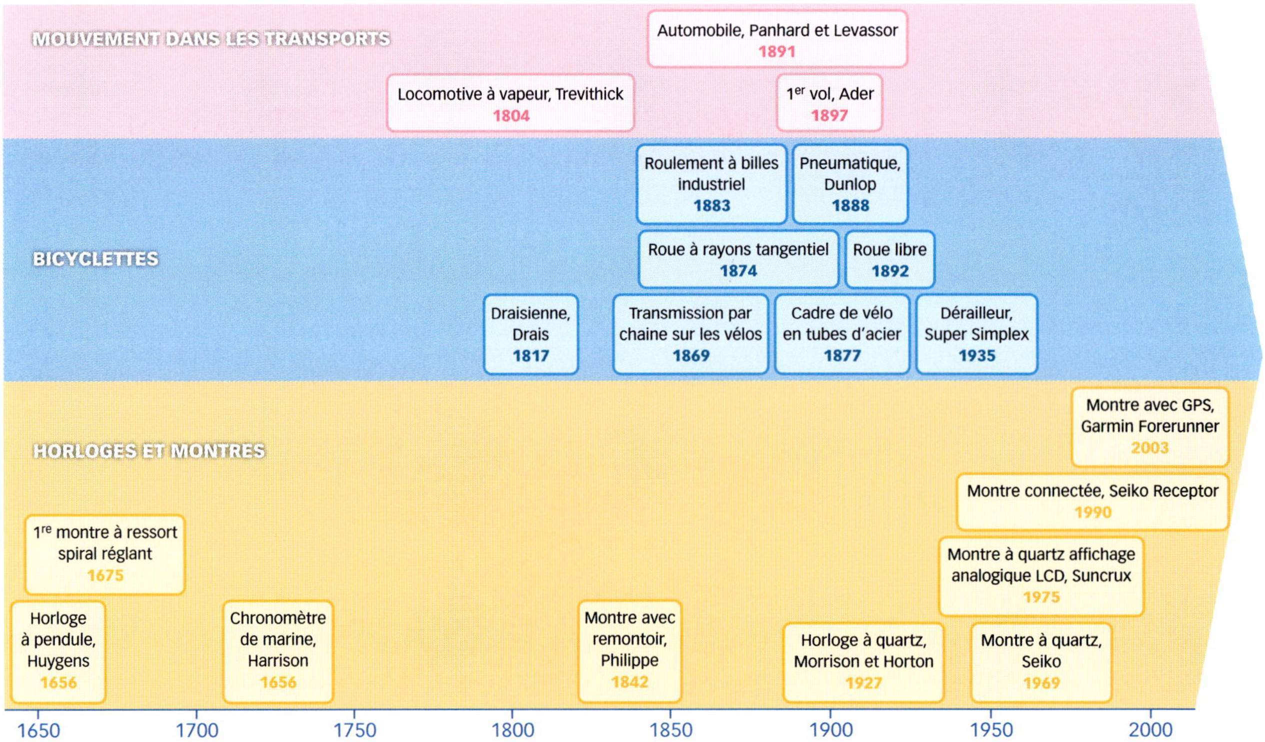

5 L'électronique et l'informatique

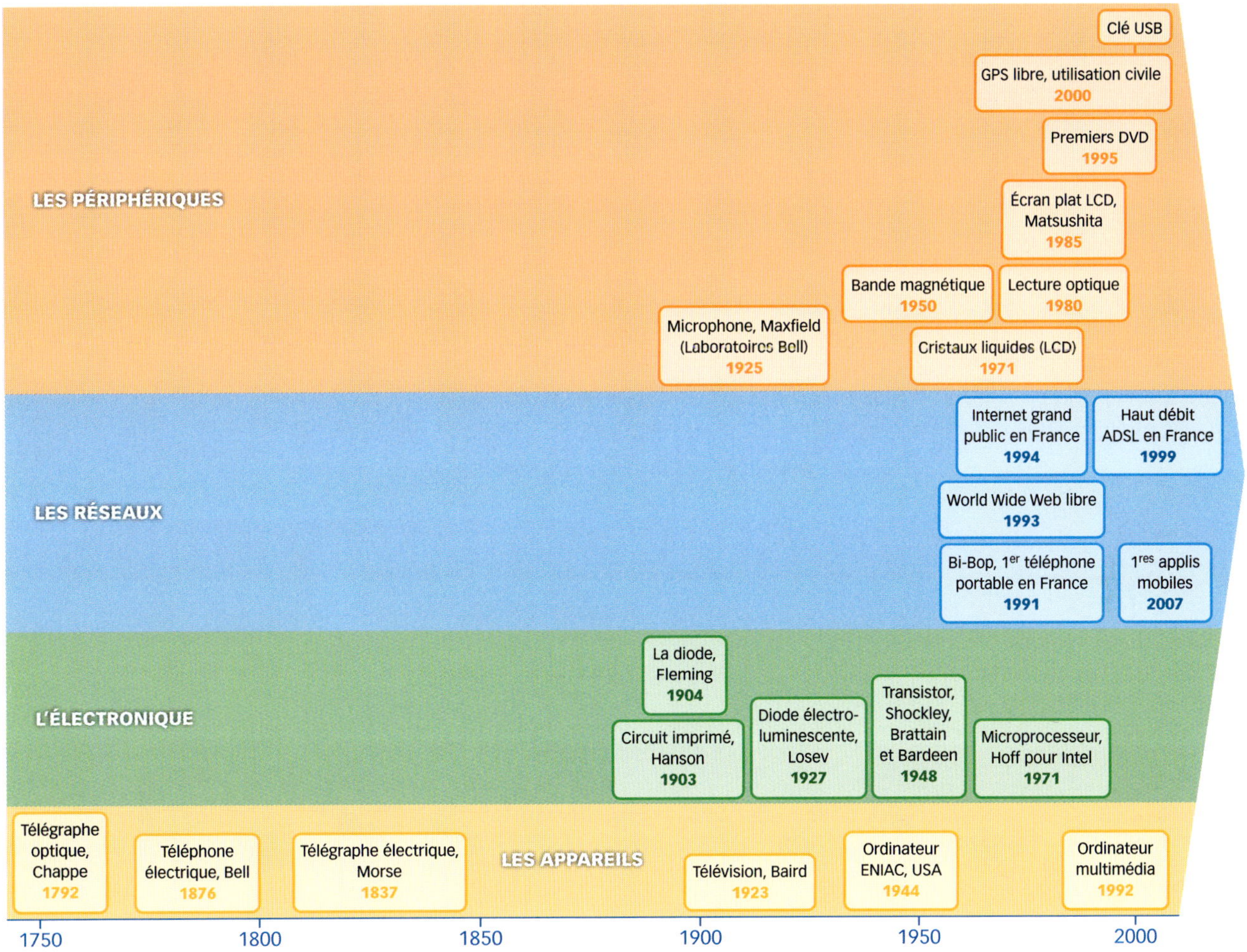

6 L'usage des ondes électromagnétiques

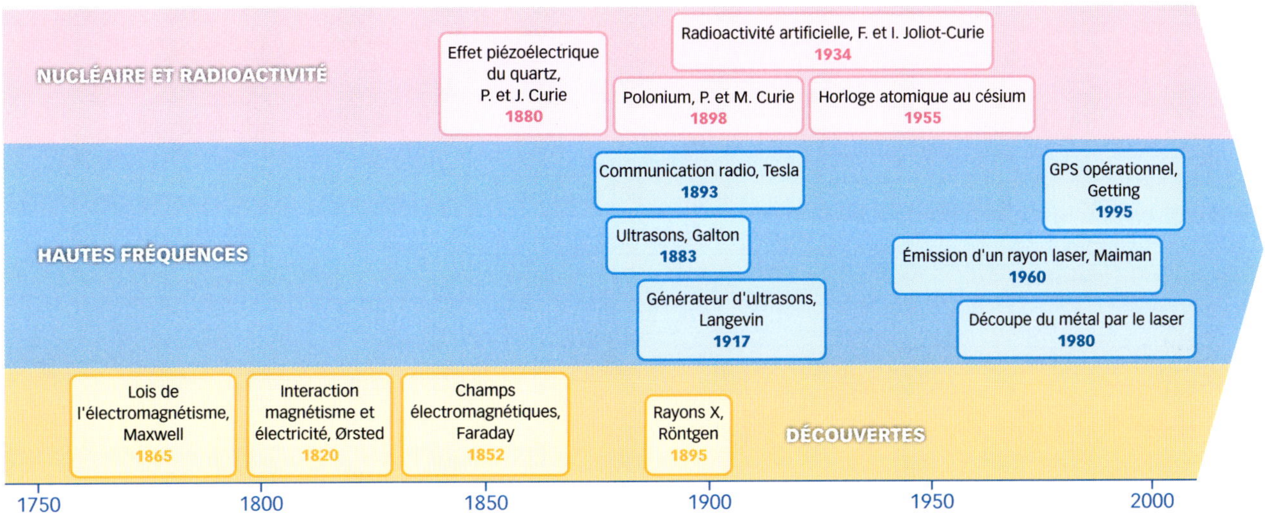

Les protocoles

1 Qu'est-ce qu'un protocole expérimental ?

Un **protocole expérimental** décrit les conditions et le déroulement d'une expérience ou d'un test. Le protocole doit être précis, afin que l'expérience puisse être reproduite à l'identique. Il doit également faire l'objet d'une analyse critique pour détecter d'éventuelles sources d'erreur dans les résultats. Pour obtenir une conclusion satisfaisante, une expérimentation donnée ne doit faire varier qu'une seule variable (paramètre) à la fois.

Un protocole comprend :
1. un objectif ;
2. une liste de matériel ;
3. un schéma du dispositif expérimental décrivant le procédé ;
4. une procédure pour conduire l'expérience.

2 Un exemple de protocole

Protocole : test du crochet de largage du drone, livreur de pizzas

1. Objectif : vérifier l'efficacité du maintien et du largage d'une pizza : masse à transporter 1 000 g.

2. Liste du matériel : dynamomètre à ressort 10 kg maxi, support, bac de sable.

3. Procédé : charger le crochet avec différentes masses de sable pour vérifier que le crochet demeure solidaire du cliquet et que le largage est possible.

4. Procédure
- Mettre une charge de 500 g.
- Observer si le contact entre le cliquet et le crochet est toujours opérant.
- Effectuer un test de largage.
- Renouveler les tests pour des charges de 750 g à 2 500 g tous les 250 g.

5. Rédaction d'une synthèse argumentée
La réponse à la problématique, résolue par l'expérimentation, comporte quatre parties : l'**introduction** (rappel de l'objectif) ; l'**interprétation** (extraire et analyser des résultats) ; l'**argumentation** (liens des résultats entre eux, au regard des objectifs) ; la **conclusion** (réponse à la problématique).

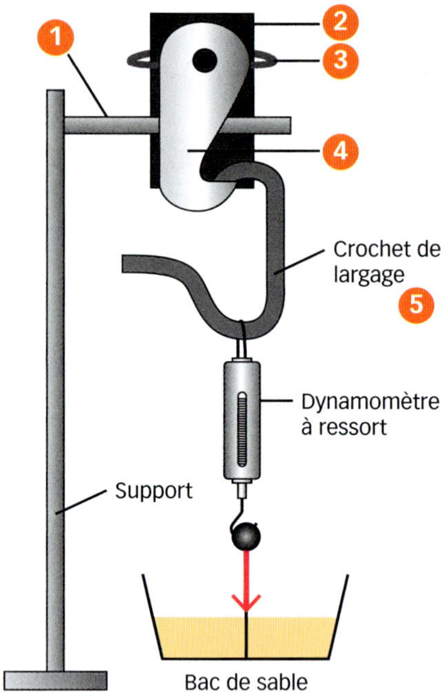

Rappel du contexte du projet
Une chaine de pizzerias s'adresse à une entreprise de fabrication de drones pour adapter un crochet sur un modèle, permettant la livraison de pizzas devant le domicile des clients.

Repère	Désignation
1	Support
2	Servomoteur
3	Palonnier
4	Cliquet
5	Crochet

Définitions

- **Procédé**
Manière de s'y prendre, méthode pratique pour faire quelque chose.
- **Procédure**
Succession d'opérations à exécuter dans un ordre précis pour accomplir une tâche déterminée.

Matériaux

1 Familles de matériaux - Définition et origine

Il existe trois grandes familles de matériaux :

- **les métaux et leurs alliages** (fer, aluminium, cuivre, acier, fonte, bronze, acier...)

Élaborés à partir de minerais extraits de la terre, les métaux constituent une famille de matériaux résistants aux efforts et rigides, qui conduisent le courant électrique. Certains, tel le fer, se détériorent en présence d'eau et d'air. Ils sont alors peu résistants à la corrosion.

- **les polymères organiques** (bois, ivoire, corne, matières plastiques : bakélite, PVC, polyéthylène, PET...)

Constitués à partir de matières vivantes (bois, liège...) ou de matières fossiles (pétrole, gaz...), les polymères organiques (matériaux plastiques et caoutchoucs) sont recherchés pour leur faible densité, leur souplesse, leur résistance au passage du courant (qui en fait des isolants électriques) et leur esthétique (aspect, couleur).

- **les céramiques** (verre, argile, ciment, plâtre...)

Constitués de minéraux tel le sable et l'argile, les matériaux céramiques sont recherchés pour leur grande dureté, leur absence de conductibilité électrique qui les rend isolants, leur aspect, lisse et brillant, très décoratif. Toutefois, ils sont denses (lourds) et très fragiles (peu résistants aux chocs).

À ces trois familles, il convient d'en ajouter une quatrième :

- **les matériaux composites** (béton, matériau multicouche, résine-fibre de carbone tissée...), qui sont des « mélanges hétérogènes » de matériaux des trois classes précédentes.

Les composites sont souvent constitués d'une ossature à base de fibres, et d'un liant appelé matrice. L'ossature assure la tenue mécanique. La matrice assure la cohésion de l'ensemble de la structure, et la transmission des efforts.

2 Identification d'un matériau

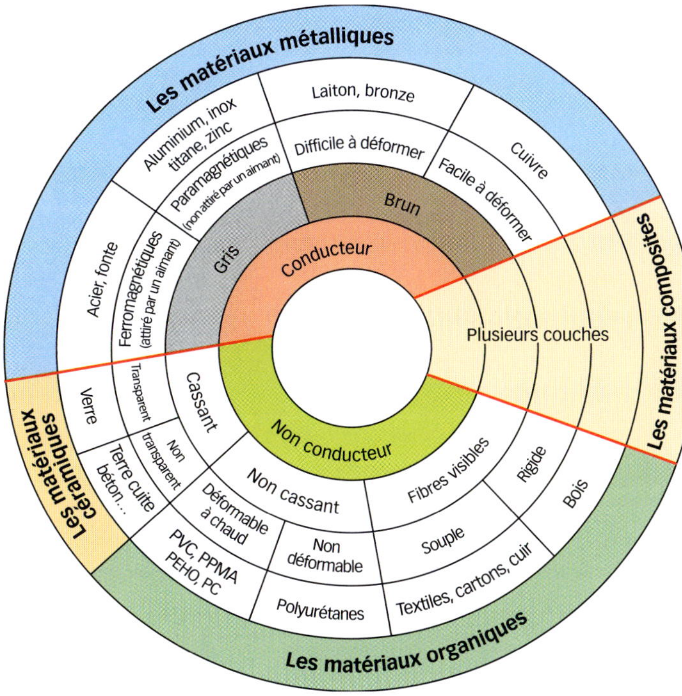

Cet outil permet d'identifier un matériau utilisé, et sa famille, à partir de l'observation de l'objet et de tests simples (par exemple attirance par un aimant, et test de conductivité à l'aide d'un multimètre) . L'identification s'effectue du centre de la cible vers l'extérieur par choix de critères successifs.

3 Les principales propriétés des familles des matériaux

	Autres aptitudes	Esthétique	Densité	Rigidité + / Flexibilité	Élasticité	Résistance à la traction	Dureté	Conductivité	Résistance à la corrosion	Coupe	Formage	Collage
		Caractéristiques physiques								Aptitude aux façonnages		
CÉRAMIQUES												
Verre	T	+++	+++	++++		++	+++++		+++++	+	+++	++
Béton		+	+++	++++		+++	++++		++++	+		
MÉTALLIQUES												
Acier		+	++++	+++++		+++++	++++	+		++	+	+
Aluminium	C	+++	+++	++++		+++	+++	+	++	++++	+	+
Cuivre		++	++++	++++		++++	+++	+	+++	+++	+	+
ORGANIQUES												
Bois	C	++++	+	+++	+	++	+			+++++		++++
Caoutchouc naturel	A		+	+++++	++++	+			++	+++++		+++
Cuir	AC	++++	+		++	+	++			+++++	+++	+++
Papier - Carton	C	+	+	+	+		+			+++++	+	++++
PE, P.E.T., PEHD (Polyéthylène)	T	++	+	+++	++	+	+		++++	++++	+++	++
PMMA Polyméthacrylate de méthyle	T	++	+	++	+	+	++		++++	++++	++	+++
PP Polypropylène	C	++	+	+	+++	+++	+		++++	++++	+++	++
PS (Polystyrène expansé)		+	+	+	++		+		++++	++++	+	++
PVC (Polychlorure de vinyle)	C	+++	+	++	++	+	++		++++	+++	+++	++++
TPE (élastomères thermoplastiques)	A	++	+	+	++++	+			++++	++++	+	++

C Capacité de colorisation **T** peut être Translucide **A** Bonne adhérence

4 La valorisation des matériaux

Les filières de valorisation des matériaux sont **le recyclage** ; **la valorisation énergétique** (incinération pour produire de la chaleur comme source d'énergie) ; **la réutilisation** dans d'autres matériaux (remblayage de routes...).

Familles de matériaux		Indicateur d'émission en Kg d'équivalent CO_2/m^3 (cycle de vie)	Recyclage	Valorisation énergétique	Réutilisation
CÉRAMIQUES	Verre	XXX	XXX		
	Béton	XX			XXX Broyé
	Ciment	XXX			
MÉTALLIQUES	Acier	XXXXX	XXX		
	Aluminium dont 30 % recyclé	XXXXXXX	XXX		
	Cuivre	XXXXXXX	XXX		
ORGANIQUES	Bois	X	Renouvelable	XXX	
	Caoutchouc		Renouvelable	XX	X Incorporé
	Cuir		Renouvelable	XXX	
	Papier - Carton	XXXX	XXX	X	
	PE, P.E.T., PEHD (Polyéthylène)	XXXX	XXX		
	PMMA Polyméthacrylate de méthyle	XXXX	XX		X Refondu
	PP Polypropylène	XXXX	X	XX	XX Incorporé
	PS (Polystyrène expansé)	XXXX	non	XXX	
	PVC (Polychlorure de vinyle)	XXXX	XX depuis 2000	XX avant 2000	
	TPE (élastomères thermoplastiques)	XXXX	XXX		

La principale difficulté de la valorisation des matériaux constituant les objets techniques, la difficulté est pour les isoler les uns des autres. C'est le cas notamment des matériaux composites et du matériel électronique.

Les éléments mécaniques

1 Efforts mécaniques

Trois types d'efforts

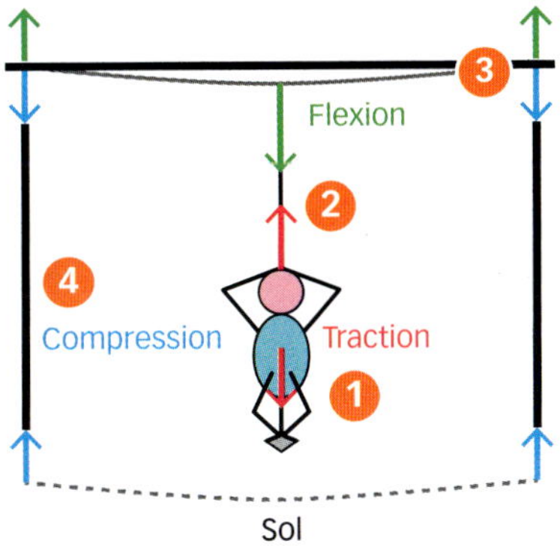

- **La corde est tirée**. La masse de l'enfant 1 exerce un **effort de traction** sur la corde 2.
- **La poutre est fléchie**. La poutre 3 en appui sur les poteaux 4 subit un **effort de flexion**.
- **Les poteaux sont comprimés**. La poutre 3 et le sol exercent un **effort de compression** sur les poteaux 4.

Éléments de renforcement des structures

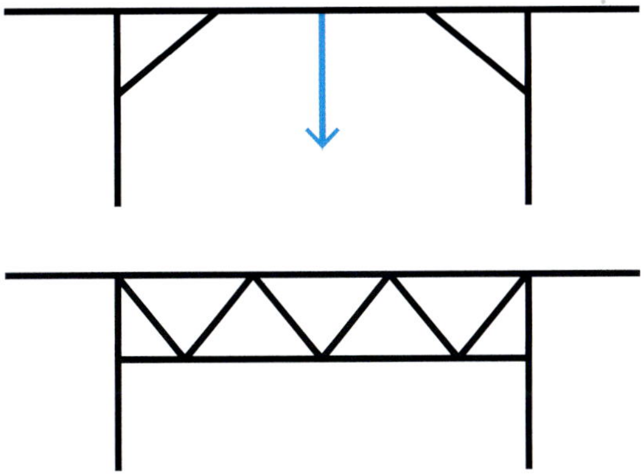

Le triangle est une forme géométrique qui renforce et stabilise les structures.

2 Les mouvements

Transmission

- **Engrenages :** les roues munies de dents s'engrènent l'une dans l'autre. Le sens de rotation est inversé.

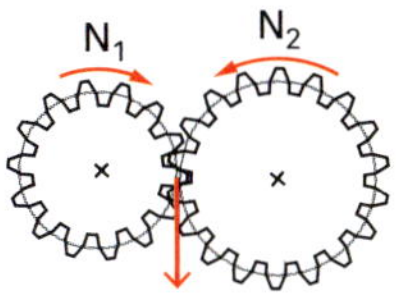

- **Roues dentées et chaine :** le pignon moteur entraine le pignon récepteur par l'intermédiaire d'une chaine. Le sens de rotation est conservé. La fréquence de rotation est modifiée en fonction du nombre de dents de chaque roue dentée.

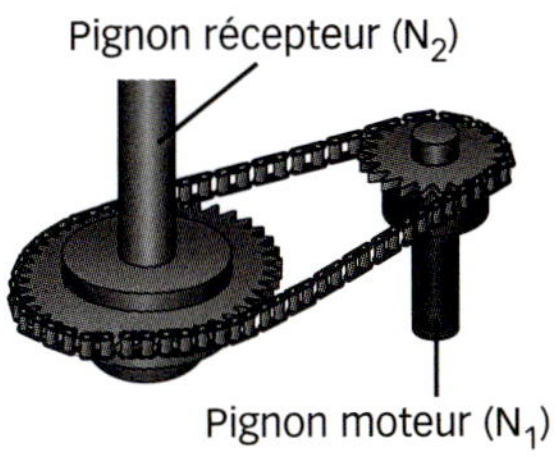

Transformation

- **Pignon crémaillère :** le mouvement de rotation du pignon est transformé en mouvement de rotation de la crémaillère.

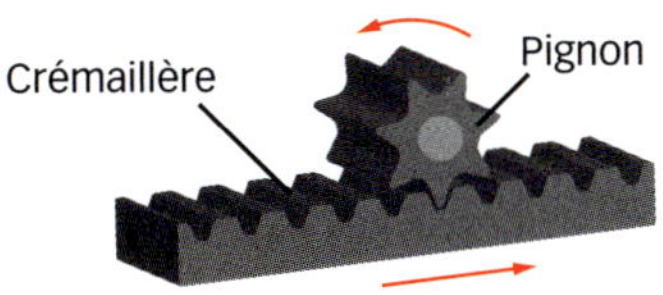

- **Bielle manivelle :** le mouvement de translation de la bielle est transformé en mouvement de rotation par la manivelle et inversement.

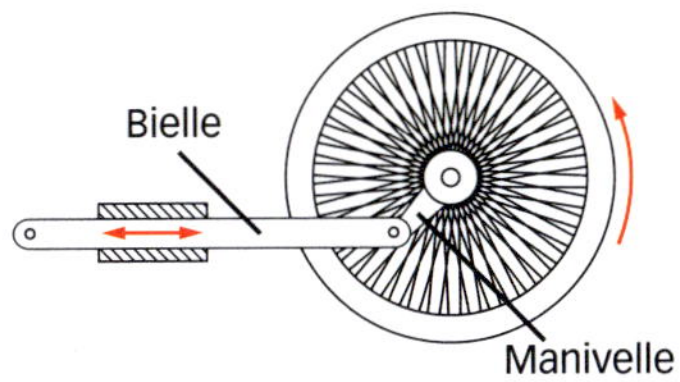

Les énergies

1 De la source d'énergie à l'énergie utile

Forme d'énergie	Électrique	Thermique	Rayonnante	Mécanique	Chimique
Sources d'énergie		Géothermie	Lumière / Soleil / Radioactivité	Vent / Barrages hydrauliques / Courants marins	Pétrole / Gaz / Charbon
Énergie finale**	Électricité	Électricité / Chaleur	Électricité / Chaleur	Électricité / Mécanique	Électricité / Chimique
Énergie utile ***	**Thermique** (chaleur, froid...) / **Mécanique** (mouvement) / **Rayonnante** (lumière) / **Chimique** (accumulateurs électriques) / **Électrique** (signaux électriques informatiques)				

- **Forme d'énergie :** **électrique** (déplacement d'électrons), **thermique** (chaleur : agitation des atomes), **rayonnante** (ondes radio, infrarouge, lumière, ultraviolet, rayon X, radioactivité), **mécanique** (masse en mouvement, pesanteur), **chimique** (énergie absorbée ou dégagée lors de réactions chimiques).
- **Source d'énergie :** phénomène physique ou chimique naturel dont il est possible d'exploiter l'énergie.
- **Énergie finale :** énergie livrée à l'utilisateur, directement utilisable pour alimenter les objets techniques.
- **Énergie utile :** énergie produite par les objets techniques au terme de la chaine d'énergie (service rendu).

2 Les unités de l'énergie : le joule

- **Le joule** (symbole : **J**) est l'unité du système international pour l'énergie, pour le travail et pour la quantité de chaleur.
1 joule représente l'énergie requise pour élever de 1 mètre une masse de 100 g.
1 mégajoules (un million de joules) représente l'énergie nécessaire pour amener à ébullition 3 L d'eau à 20 °C.

- **Unités fréquemment utilisées**

Calorie	1 cal = 4,186 joules
Kilowatt-heure	1 kWh = 3 600 kilojoules
Tonne équivalent pétrole	1 tep = 42 milliards de joules

3 Exemples de consommation d'appareils électroménagers

Appareil électrique	Puissance (Watt)	Fréquence d'utilisation	Consommation par an (kWh)
Réfrigérateur Combi 250 l label A+	150 à 200	365 jours - en continu	201*
Réfrigérateur Combi 250 l label C	200 à 350	365 jours - en continu	500*
TV LCD en service	90 à 250	365 jours - 4 h/jour	241
TV LCD en mode veille	3	365 jours - en continu	22
Ordinateur en service	70 à 80	240 jours - 4 h/jour	72
Machine à laver AAA	2 000 à 2 200	48 semaines - 4 cycles/semaine - 1,35 kWh/cycle	259**
Sèche-linge	2 500 à 3 000	48 semaines - 2 cycles/semaine - 3 kWh/cycle	259**
Aspirateur	650 à 800	48 semaines - 2 h/semaine	70
Four micro-ondes	1 000 à 1 500	48 semaines - 1,5 h/semaine	90
Ballon d'eau 100 L	2 000 à 2 500	365 jours - 80 litres par jours	1 554

* **Pour le réfrigérateur**, la puissance utilisée varie au cours de la journée (temps d'arrêt du compresseur).
** **Pour le lave-linge**, la puissance varie au cours du cycle (temps de chauffage - moteur).

Prototypage

Plusieurs solutions techniques existent pour effectuer du prototypage rapide à partir de cartes standards. Toutes ces solutions sont proposées par des fabricants. Elles reposent toutes sur le même principe technique.

	+		+		+		+	ArduBlock Blockly
Une carte programmable		Une carte équipée de connecteurs		Des câbles		Des modules capteurs ou actionneurs		Un logiciel de programmation

1 Les cartes programmables

Les cartes programmables possèdent un **microcontrôleur programmable** et de nombreuses entrées/sorties. Elles se différencient par la puissance du microcontrôleur ou par la taille et la consommation de la carte.

Carte programmable UNO		Carte programmable Mega	
	Elle dispose d'un microcontrôleur (ATmega32). Elle possède 20 entrées/sorties dont 6 analogiques. Sa programmation s'effectue via une connexion USB.		Elle dispose d'un microcontrôleur (ATmega2560). Elle possède 54 entrées/sorties dont 14 analogiques. Sa programmation s'effectue via une connexion USB.
Carte programmable LILYPAD		**Carte programmable mCore**	
	Elle dispose d'un microcontrôleur (ATmega32). Elle possède 9 entrées/sorties dont 4 analogiques. Sa programmation s'effectue via une connexion micro-USB. Elle est adaptée aux projets de textiles connectés.		Elle dispose d'un microcontrôleur (ATmega238), de 4 entrées analogiques ou numériques, et de 6 sorties analogiques ou numériques. Sa programmation s'effectue via une connexion USB.

2 Les cartes connecteurs

Les cartes connecteurs s'emboitent sur la carte programmable. Elles permettent de raccorder sans soudure les modules capteurs et actionneurs.

Carte connecteur Base Shield		Carte connecteur Mega Shield	
	Elle est équipée de 16 connecteurs 4 broches dont 4 entrées analogiques, 7 entrées-sorties numériques, 4 interfaces I2C et 1 interface UART.		Elle est équipée de 20 connecteurs 4 broches dont 6 entrées-sorties analogiques, 8 entrées-sorties, de sorties PVM pour brancher des servomoteurs, de 4 interfaces I2C, et de 4 interfaces UART.

3 Les câbles

Les câbles relient les éléments d'un système programmable. Certaines cartes ne disposent pas de connecteurs, alors on utilise des fils électriques qu'il faut souder.

Câbles connecteurs, femelle 4 broches pour carte Base Shield et Mega Shield	Câble servomoteur pour carte Base Shield et Mega Shield.	LilyPad canette pour couture et connexion des cartes LilyPad	Câbles RJ25 pour carte mCore
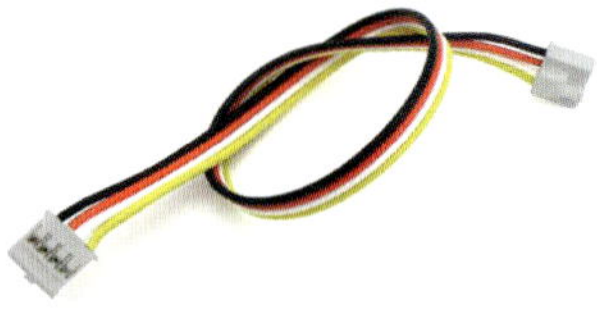			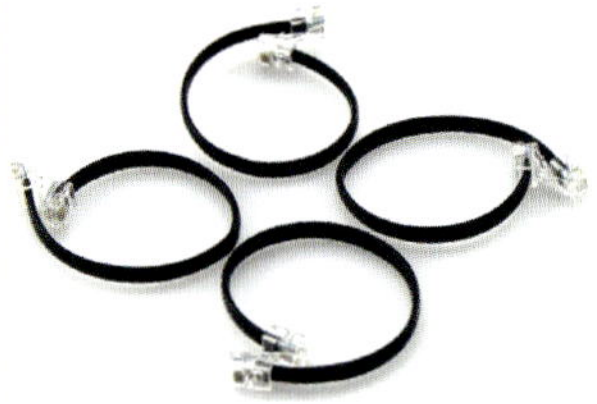

4 Les modules actionneurs

Les modules actionneurs exécutent les ordres de la partie commande à partir de l'énergie qu'ils reçoivent.

Module commande de moteurs Grove Il permet de piloter 2 moteurs à courant continu ou un moteur pas-à-pas Il se raccorde sur un port I2C avec un câble 4 conducteurs.		**Module relais 30A Grove** Il permet de commander des éléments nécessitant un courant électrique important (moteur, éclairage...).Il se raccorde sur une sortie numérique avec un câble 4 conducteurs.	
Servomoteur métal MG995 180° L'axe du moteur effectue une demi-rotation à vitesse variable. Il se raccorde sur un module de commande de moteurs.		**Électrovanne miniature** Elle agit comme un robinet commandé à distance.	
		LilyPad LED Ce module LED se coud sur un vêtement et se connecte avec le même fil sur la carte programmable LilyPad.	
Haut-parleur amplifieur Grove Il génère différents sons en fonction de la fréquence d'entrée. Le volume est ajustable par un potentiomètre. Il se raccorde sur une sortie numérique avec un câble 4 conducteurs.		**LilyPad Sonnerie** Ce mini haut-parleur se coud sur un vêtement et se connecte avec le même fil sur la carte programmable LilyPad.	
Me obturateur Il permet de prendre des photos à haute vitesse, il est commandé par programmation. Il se raccorde sur la carte programmable mCore.		**Afficheur LCD Grove 16x2** Il affiche 2 lignes de 16 caractères. Il se raccorde sur une sortie I2C avec un câble 4 conducteurs.	

5 Les modules capteurs

Ces modules captent des informations dans leur environnement et les transmettent au microcontrôleur.

Module Grove bouton poussoir	Module Grove Interrupteur fin de course	Capteur de niveau d'eau	Capteur d'humidité Grove	Détecteur de lumière Grove
Il fait passer une sortie de l'état bas à l'état haut lors d'une pression. Il peut servir d'entrée numérique. Il se raccorde sur une entrée numérique avec un câble 4 conducteurs.	Il fait passer une sortie de l'état bas à l'état haut ou inversement. Il peut servir d'entrée numérique. Il se raccorde sur une entrée numérique avec un câble 4 conducteurs.	Il détecte la présence d'eau grâce à ses pistes imprimées. Il peut fonctionner en tout ou rien (logique) ou en mode analogique. Il se raccorde sur une entrée logique ou analogique avec un câble 4 conducteurs.	Il permet de connaitre la concentration d'eau dans la terre. Il délivre une valeur analogique en fonction de la teneur en eau. Il se raccorde sur une entrée analogique avec un câble 4 conducteurs.	Il utilise une photorésistance. La résistance diminue quand l'intensité lumineuse augmente. Il se raccorde sur une entrée analogique avec un câble 4 conducteurs.
			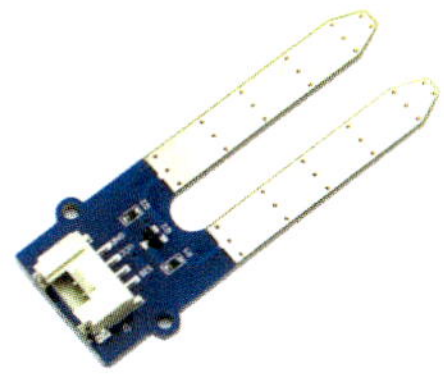	
Module Suiveur de ligne Grove	**Module Grove Bluetooth 4 (BLE)**	**Module Wifi UART Grove**	**Capteur UV LilyPad**	**Capteur de température LilyPad**
Il est constitué d'une LED infrarouge et d'un phototransistor. Il envoie un signal digital haut quand il détecte une ligne noire. Il se raccorde sur une entrée numérique avec un câble 4 conducteurs.	Il permet d'ajouter une connexion Bluetooth à un projet Arduino. Il se raccorde sur une entrée/sortie avec un câble 4 conducteurs.	Cet émetteur-récepteur Wi-Fi communique avec un microcontrôleur. Il se raccorde sur un port série UART avec un câble 4 conducteurs.	Il détecte le rayonnement UV dans une plage de 200 à 370 nm, et émet une tension analogique de 0 à 5 V.	Il détecte le changement de température. Il délivre 0,5 V à 0 °C, 0,75 V à 25 °C, et la tension de sortie varie de 10 mV par degré Celsius.
				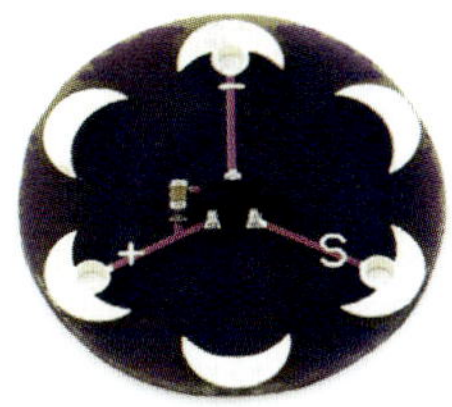
Module caméra série Grove	**SparkFun Bluetooth**	**Télémètre à ultrasons Grove**	**Me capteur sonore**	**Capteur commutateur Limit Photoelectrical**
Il prend des photos et les stocke sur une carte SD. Il se raccorde sur un port série UART avec un câble 4 conducteurs.	Il permet une connexion Bluetooth d'une portée de 100 m compatible avec la carte programmable LilyPad.	Il permet de mesurer une distance de 3 cm à 4 m sans contact à l'aide de transducteurs à ultrasons. Il se raccorde sur une entrée analogique avec un câble 4 conducteurs.	Il mesure le niveau sonore. Il se connecte sur la carte programmable mCore. Il délivre un signal analogique.	Une cellule photo électrique détecte le passage d'un objet. Le capteur se connecte sur la carte programmable mCore. Il délivre un signal numérique.

Réseaux informatiques

1 Les postes de travail et périphériques

Désignation	Symbole	Représentation 3D
Ordinateur fixe ou portable Poste de travail individuel. Désigné par « P + Numéro » et muni de **carte réseau**.	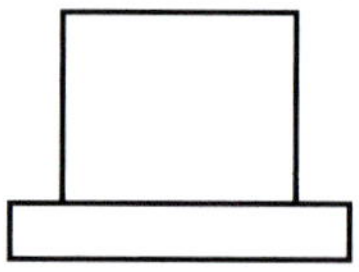 P01	 P01
Tablette Ordinateur portable ultraplat sans clavier à écran tactile muni de cartes réseau (cellulaire, Wi-Fi). Désigné par « T + Numéro ».	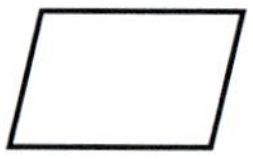 T01	 T01
Imprimante Composant périphérique d'impression de document sur papier. Désignée par « Imp. + Numéro ».	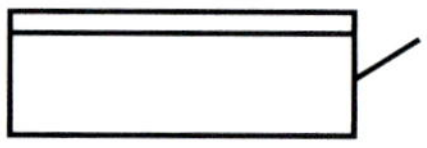 Imp 01	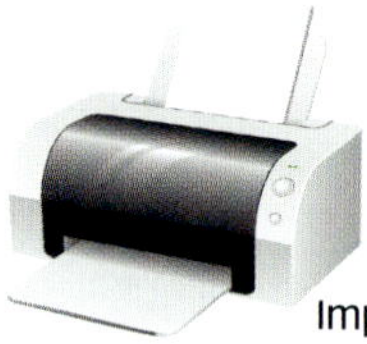 Imp 01

2 Les équipements réseaux

Désignation	Symbole	Représentation
Carte réseau La carte réseau assure l'interface entre l'équipement dans lequel elle est installée (ordinateur, imprimante, console de jeux, télévision...) et un réseau informatique (local Ethernet, Wi-Fi, Bluetooth...).	 Liaison sans fil • connexion filaire	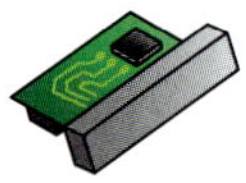
Commutateur Le commutateur est un équipement réseau qui relie la **carte réseau** de chaque composant d'un réseau informatique à l'aide de **câbles** et de prises **RJ45**.	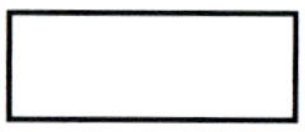 Com 01	 Com 01
Câble de connexion Il assure une liaison filaire entre différents équipements d'un réseau grâce à des connecteurs RJ 45.	RJ45  Câble	

Désignation	Symbole	Représentation
Borne Wi-Fi Elle permet de connecter des équipements informatiques au réseau local sans fil par ondes électromagnétiques.	 Borne Wi-Fi	 Borne Wi-Fi
Serveur Cet ordinateur permet le stockage de ressources informatiques communes à l'ensemble du réseau et la sécurité informatique des données échangées.	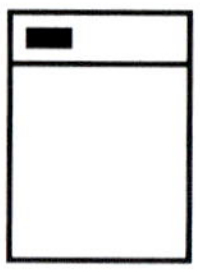 serveur	
Routeur Ce composant relie un réseau local à d'autres réseaux informatiques éloignés type Internet.	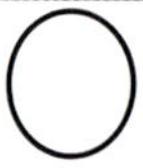 Routeur	 Routeur
Réseau étendu type Internet Ensemble de réseaux locaux interconnectés dans le monde.	 Internet	

L'imprimante 3D

1 La fiche de procédures

Fiche procédure — **IMPRIMANTE 3D UP Plus 2**

Utilisation

1. Placer le plateau d'impression et allumer la machine
2. Lancer le logiciel « UP »
3. Ouvrir le fichier de la pièce à imprimer
4. Initialiser la machine
5. Vérifier les paramètres d'impression en faisant un aperçu
6. Lancer l'impression
7. Sortir le plateau d'impression et décrocher la pièce

Ne laisser aucun objet sur la surface de travail

Ne pas tenter de stopper le travail en cours en ouvrant le capot ou en bloquant les parties mobiles

Mettre des gants pour retirer la pièce

Ne jamais toucher la buse d'extrusion à main nue, la température peut atteindre 280 °C

Procédure pour enlever la pièce

- Retirer le plateau de la machine.
- Tenir fermement avec le gant.
- Décrocher la pièce avec la spatule.

Paramètres d'impression

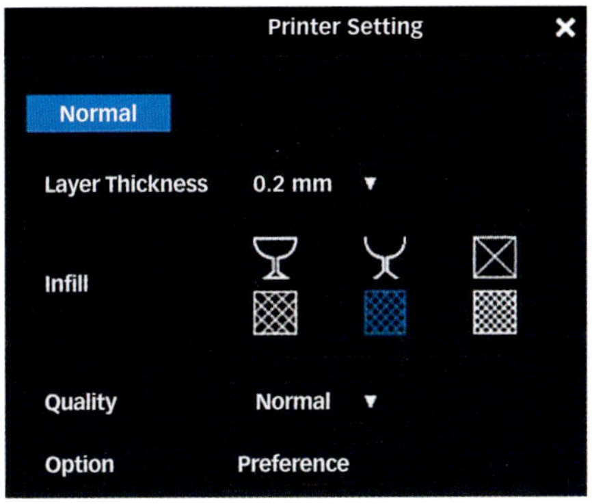

Trois densités de structure interne sont possibles, pour adapter la rigidité de la pièce.

2 Les matériaux pour l'impression 3D

Matériaux	Facilité d'impression	Résistance mécanique	Avantages	Inconvénients
PLA	★★★★★	★★☆☆☆	Qualité d'impression régulière	Tendance à casser
ABS	★★★★☆	★★★★☆	Résistant aux chocs et à la chaleur	Non biodégradable, nécessite un plateau chauffant
Polyamide (NYLON)	★★☆☆☆	★★★★★	Extrêmement résistant et souple	Hautement inflammable
Résine (MED670)	★★★★☆	★★★★☆	Incolore et bio-compatible	Contact limité : 30 jours au contact de la peau et 24 h au contact des muqueuses
PET	★★★☆☆	★★★★☆	Compatible contact alimentaire	Technique particulière d'impression
TPE	★★★☆☆	★☆☆☆☆	Flexible et élastique	Vitesse d'impression lente

La fraiseuse numérique

1 La fiche de procédures

Fiche procédure — **FRAISEUSE CHARLY4U**

Utilisation

1. Déverrouiller l'arrêt d'urgence et allumer la machine
2. Lancer le logiciel « charlygraal »
3. Ouvrir le fichier de la pièce à usiner
4. Fixer le brut sur le plateau martyr
5. Vérifier l'outil et la vitesse de rotation de la broche
6. Lancer l'usinage
7. Sortir la pièce après avoir nettoyé les copeaux

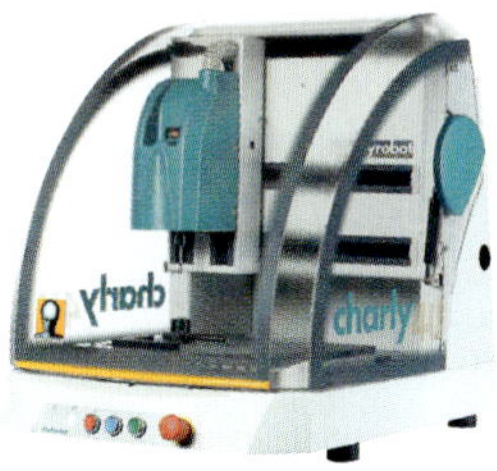

Ne laisser aucun objet sur le plateau martyr
Ne pas tenter de stopper le travail en cours en ouvrant le capot
Mettre des gants pour retirer la pièce
Ne jamais toucher la fraise à main nue même pour la nettoyer, c'est un outil tranchant

2 Les paramètres d'usinage

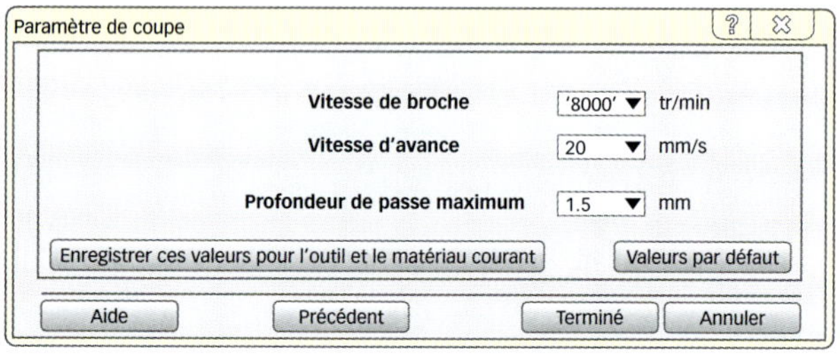

Vitesse de broche : vitesse de rotation de la fraise.

Vitesse d'avance : vitesse à laquelle l'outil et/ou la pièce peuvent se déplacer.

Profondeur de passe : épaisseur de matière qui peut être enlevée à chaque passage de l'outil.

3 Les matériaux et les réglages de la machine

Matériau	Facilité d'usinage	Résistance mécanique	Principales propriétés	Réglages machine		
				Vitesse de rotation	Vitesse d'avance	Profondeur de passe
PVC Rigide	★★★★☆	★★★★☆	Se plie facilement à chaud dans les faibles épaisseurs	9 500 tr/min	25 mm/s	1,5 mm
PVC Expansé	★★★★★	★★☆☆☆	Rigide et léger. Se plie très facilement à chaud.	8 000 tr/min	30 mm/s	3 mm
Polystyrène	★★★☆☆	★★★★☆	Économique	9 500 tr/min	25 mm/s	1,5 mm
PLA Bio	★★★★☆	★★★★☆	Fabriqué à partir de sources végétales et biodégradable	9 500 tr/min	25 mm/s	1,5 mm
PMMA	★★★☆☆	★★★★☆	Peut être transparent ou translucide	9 500 tr/min	20 mm/s	1 mm
Polyéthylène	★★★★★	★★★★☆	Matériau souple	8 000 tr/min	20 mm/s	2 mm

Certifié PEFC
Ce produit est issu de forêt gérées durablement et de sources contrôlées
www.pefc.it

Dépôt légal : avril 2017 - n° éditeur : 2017_0001
Achevé d'imprimer en avril 2017 par Rotolito Lombarda (Italie)

Couverture : Vincent Callebaut Architectures ; J. Spicer/Getty Images ; Apple/ZUMA/REA - p. 13 : G. Rolle/REA - p. 14 : Monkeybusinessimages/iStock/Getty Images ; © www.mybobino.com - p. 15 : www.tylt.com - p. 16 : Lokibaho/iStock/Getty Images - p. 20 : Fotolia.com - p. 21 : Kommercialize/iStock/Getty Images - p. 22 : Fotostorm/iStock/Getty Images ; Manufactum - p. 23 : G. Rolle/REA - p. 24 : Visions-AD/Fotolia.com - p. 25 : Rawpixel.com/Fotolia - p. 30 : Zentangle/Premium Access - p. 32 : Burapa Nammulsint/Fotolia.com ; Ammentorp/123RF.com - p. 33 : T. Di Girolamo/AGF Foto/Photononstop - p. 34 : KieferPix/Shutterstock.com ; http://www.lionsapp.com/contact/ - p. 35 : Spark Fun : www.sparkfun.com ; Lextronic : http://www.lextronic.fr ; Technologies services : http://www.technologieservices.fr ; LilyPadArduino ; Wearable Electronics For Fashion - http://wearableelectronicsforfashion.com ; Technologies services : http://www.technologieservices.fr ; Lextronic : http://www.lextronic.fr - p. 41 : EuToch/iStock/Getty Images - p. 42 : ASIFE/iStock/Getty Images ; https://www.panasonic-electric-works.com - p. 43 : P. Deloche/Godong/Getty Images - p. 44 : Dusan Petkovic/Shutterstock ; aerogondo/Fotolia.com ; intst/iStock/Getty Images - p. 47 : A4 Technologie - p. 50 : A4 Technologie - p. 51 : Airbus GmbH 2014 - photo by Christian Brinkmann ; Airbus S.A.S. ; A4 Technologie - p. 52 : A4 Technologie - p. 53 : L. Ricciarini/Leemage ; Fotolia - p. 54 : StockFood/JUICE Images Ltd. ; http://www.waterwheelfactory.com/ ; Marie-Lan Nguyen/Wikipédia - p. 55 : Kaboldy/Wikipédia ; Stevebphotography/iStock/Getty Images ; BnF - p. 57 : http://www.waterwheelfactory.com/ - p. 60 : Fotolia.com ; Shutterstock ; Shutterstock - p. 61 : Photographer unknown/ The Norwegian Museum of Science and Technology ; Altair78/Wikipédia ; Jimmy Sime/Hulton Archive/Getty Images ; Artedia/Leemage ; Jean-Jacques Cordier/Fotolia.com - p. 62 : The Kodak camera, 1888 (wood), English School, (19th century)/ National Media Museum, Bradford, West Yorkshire/Bridgeman Images ; Sylvain Halgand - Collection Appareils : http://collection-appareils.fr/ ; Musée français de la Photographie/Conseil départemental de l'Essonne/Benoit Chain - p. 63 : T. Liasi/Alamy/Hemis - p. 64 : Rocket League : https://www.rocketleague.com/ ; NEWSCOM/SIPA ; http://www.magnavox-odyssey.com/ ; Asim Saleem/ Wikipedia - p. 65 : Boomingpie/Fotolia.com - p. 68 : Crédit JEAN-CHRISTOPHE VERHAEGEN/AFP ; baona/Premium Access - p. 71 : Mutlu Kurtba/iStock/Getty Images ; CNIL : http://www.cnil.fr - p. 72 : Naiyyer/Fotolia.com ; Sony.com ; Recon Instruments ; Sony.com - p. 73 : Aflo/hemis.fr - p. 74 : CEVM Eiffage/Foster+Partners/AZAM Jean-Paul/Hemis.fr ; FTMesures ; FTMesures ; vuk8691/E+/iStock/Getty images - p. 75 : CEVM Eiffage/Foster+Partners ; CEVM Eiffage/Foster+Partners/J-C & D PRATT/ PHOTONONSTOP ; CEVM Eiffage/Foster+Partners/Patrick ALLARD/REA - p. 80 : Husqvarna - p. 81 : emel82/123RF ; Daimler AG ; Pavel Semenov/iStock/Getty images - p. 82 : photocrew/Fotolia.com ; anton_antonov/Fotolia.com ; Médiathèque COMAP - p. 83 : Matarazzo/Fotogramma/ROPI-REA - p. 84 : MEZZA ESCALANTE/hemis.fr - p. 85 : Nicholls: Alistair/Arcaid Images/Getty Images - p. 86 : Nicholls: Alistair/Arcaid Images/Getty Images - p. 87 : MEZZA ESCALANTE/hemis.fr ; Nicholls: Alistair/Arcaid Images/Getty Images - p. 91 : Folio Images/Shutterstock.com - p. 92 : Chrupka/123RF - p. 93 : Zap Art/Getty Images - p. 94 : Blend Images/hemis.fr - p. 95 : Yanlev/Fotolia.com ; Nancy Honey/Cultœra Creative/Photononstop ; Mishoo/123RF ; Rudra Narayan Mandal/123RF - p. 103 : Toru Hanai/Reuters - p. 104 : 2014 Bloomberg Finance LP/Getty Images ; 2014 Bloomberg Finance LP/ Getty Images ; Technologie Services ; Technologie Services ; Technologie Services ; Technologie Services - p. 105 : Technologie Services - p. 111 : Gardena/HusqvarnaGroup ; Gardena/HusqvarnaGroup ; Chesky/Fotolia.com - p. 112 : nd3000/Fotolia.com - p. 119 : anatols/123RF - p. 123 : Sparkfun - p. 125 : A4 Technologie - p. 126 : A4 Technologie

Édition : Aurore Balduzzi

Conception Graphique : Frédéric Jély, STDI, Séverine Tanguy

Couverture : François Supiot

Iconographie : Anne-Sophie Hedan, Sophie Roques, Sidonie Reboul

Mise en page et infographies : STDI

Relecture et corrections : Karine Tercier

ISBN : 978-2-206-10132-3

Éditions Delagrave – 5, allée de la 2e DB – 75015 Paris
www.editions-delagrave.fr

Structures

Un algorithme est une suite ordonnée d'instructions, compréhensible par tous. Pour écrire un algorithme, on utilise des structures algorithmiques qui organisent les instructions. Ces structures sont reprises dans les langages de programmation et les interfaces de programmation comme Blockly ou ArduBlock.

Les boucles

Une boucle est une structure répétitive : elle répète une séquence d'instructions.

Répéter indéfiniment : le robot va avancer indéfiniment.

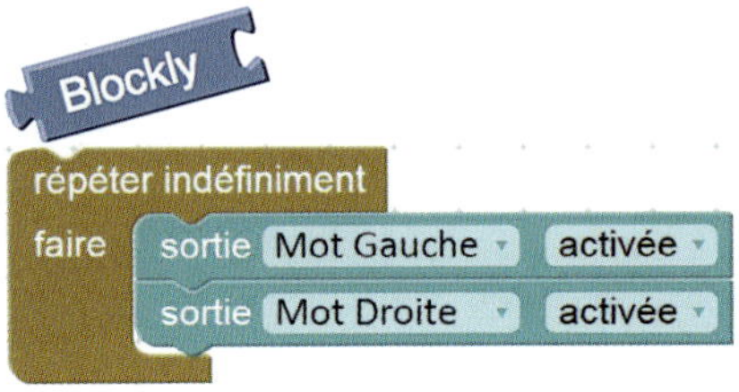

Répéter un nombre de fois : la DEL va s'allumer et s'éteindre 5 fois durant un certain temps.

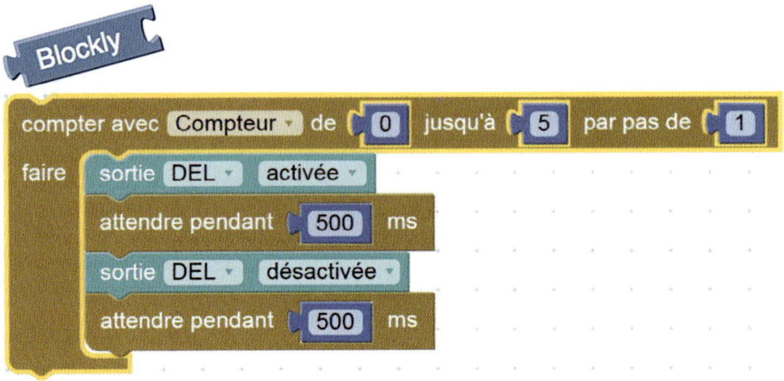

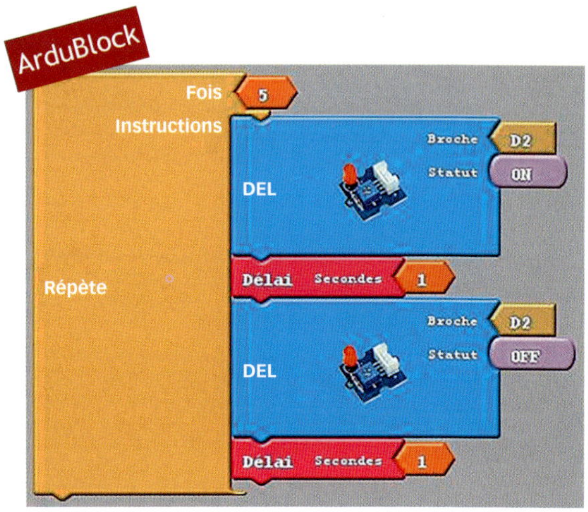

Répéter jusqu'à un évènement : le relais va commander la pompe à eau jusqu'à ce que le niveau soit suffisant.

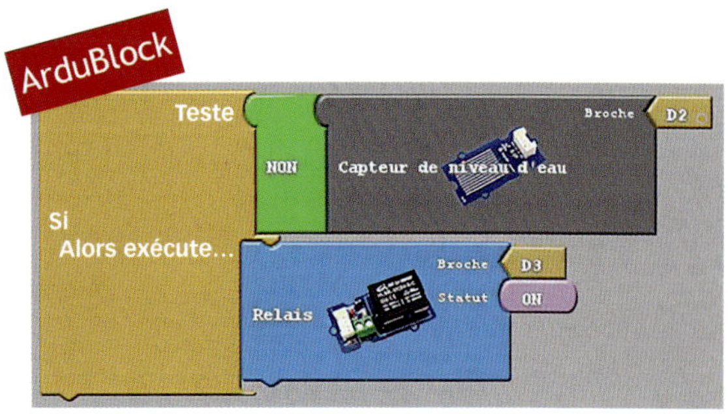